FOLIO BIOGRAPHIES
collection dirigée par
GÉRARD DE CORTANZE

Marilyn Monroe

par

Anne Plantagenet

Gallimard

Anne Plantagenet est l'auteur de plusieurs livres dont *Un coup de corne fut mon premier baiser* (Ramsay, 1998), *Seule au rendez-vous* (Robert Laffont, 2005, prix du Récit biographique), *Manolete : Le calife foudroyé* (Ramsay, 2005, prix de la biographie de la ville d'Hossegor). On lui doit plus récemment *Pour les siècles des siècles* (2008), *Le prisonnier* (2009), *Nation Pigalle* (2011) et *Trois jours à Oran* (2014), tous parus chez Stock. Elle est également traductrice de l'espagnol.

Brune[1]

Juillet 1962. Elle marche à vive allure. Seule, au cœur de l'après-midi, sur le trottoir du quartier résidentiel de Brentwood, Los Angeles, elle courrait presque. C'est une brune de taille moyenne, plutôt courte sur pattes, enrobée dans un imperméable informe qui masque sa silhouette et lui descend aux chevilles. Pas de maquillage, ou très discret. Elle porte de grosses lunettes noires, des chaussures plates, ordinaires. Les voitures la croisent, sans même ralentir. Il s'agit seulement d'une passante, effarouchée, le cheveu en bataille, une créature de la nuit qui, à l'évidence, émerge tout juste de son lit. Folle peut-être ou droguée. Elle semble fuir un danger, quelqu'un. S'éloigne-t-elle d'un rendez-vous adultère, d'une orgie organisée par la jet-set hollywoodienne dans l'une des riches villas du coin que de hauts murs dérobent aux regards ? À quoi cherche-t-elle à échapper ? Elle est pressée, essoufflée, continue de trotter à petits pas. Quel âge a-t-elle ? Difficile à dire à cause des lunettes, de la frange noire qui lui camoufle le front et contraste avec l'extrême pâleur de la peau. Mais la trentaine passée sans doute. Une certaine fatigue émane de son corps sans grâce particulière, une lassitude lourde, quelque chose d'affaissé, de résigné dans l'allure.

Elle lève le bras pour héler un taxi.

« Je… je ne sais pas. Roulez. Tout… tout droit. Je vous… vous dirai quand… quand vous arrêter. »

Le chauffeur est surpris. Pas par la requête, il en a vu d'autres. C'est la voix qui l'a saisi. Une voix si fluette, si frêle, qu'il a fixé son rétroviseur avec la crainte soudaine d'avoir embarqué dans son véhicule une mineure, une fugueuse. Bègue, par-dessus le marché. Pourtant c'est bien d'une femme qu'il s'agit. La passagère a retiré ses lunettes. De nombreuses petites rides strient le tour de ses yeux bleus. Ses joues sont recouvertes d'un duvet assez épais. Blond, presque blanc. Comme ses sourcils. Le chauffeur est rassuré. Ce qu'il redoute, lui, ce sont les braqueurs, les violents. Les désœuvrées qui viennent chercher un peu de compagnie dans sa voiture ne le dérangent pas. Même si elles ne sentent pas très bon. Tant pis. S'il le faut, il est prêt à faire la conversation. Mais c'est elle qui l'engage, avec son petit filet de voix quasi inaudible, polie, suppliante.

« Quelle est la fe… femme avec qui vous rê… rêveriez de pa… passer une nuit ? »

Elle n'avait pas dormi avant l'aube. Rien à faire, malgré ce qu'elle avait ingurgité pour apprivoiser non pas le sommeil, mais la peur du sommeil, l'endormissement, l'abandon, les cauchemars. La petite mort. Elle n'a pas dormi, et pour faire taire le silence alentour, pour fendre un moment la solitude qui l'oppresse, elle s'est jetée sur le seul objet qui la lie encore au monde et lui prouve que sa chair brille toujours quand tout s'est éteint autour d'elle. Le téléphone. Un combiné blanc, branché dans la pièce voisine, avec un câble d'une dizaine de mètres qu'elle fait passer sous sa porte et glisse en tremblant tout contre elle, comme une peluche, entre ses draps, sous son oreiller. Elle appelle. N'importe qui, tout le monde, ami(e)s, amants, ex, docteurs, masseurs, journalistes, fils de, parents de, voisins, attaché(e)s de presse, photographes, coiffeurs, maquilleurs, acteurs, professeurs, psychiatres, devine qui c'est, tu as vu l'heure. Elle susurre, de sa voix minuscule. Elle n'a pas vu l'heure. Ça changerait quoi. Son temps est autre, parfois elle dort cent ans, princesse, sirène, elle vole, flotte, elle est sur une plage, dévêtue, face à l'océan, le vent est chaud, elle est offrande. Elle, ou plutôt cette présence étrangère qui habite en elle et qu'elle rencontre parfois, comme une colocataire sur laquelle on tombe de temps à autre. Dans son univers libéré des conventions et des mensonges, tout est permis : déambuler nue dans le décor blanc et vide de sa maison sous l'œil médusé des visiteurs, boire du champagne au réveil, arriver huit heures en retard à un rendez-vous. Téléphoner au cœur de la nuit au premier numéro venu.

Car son univers est celui d'un conte pour enfants. Et les heures n'existent pas.

Une femme blanche et brune donc, insomniaque, de trente et quelques années, décoiffée, qu'on devine un peu ronde sous son imperméable trop grand. Ronde et usée. Quelconque.

Tout avait commencé bien avant son départ pour la côte Est, ce fameux jour, fin 1954, où elle avait filé à l'anglaise, bras d'honneur à la Fox, et avait embarqué sur un vol de nuit, aller simple Los Angeles-New York, en tailleur beige, retranchée sous une perruque brune et derrière l'invraisemblable pseudonyme de Zelda Zonk, pour s'affranchir du système hollywoodien qui exploitait ses courbes, ses mamelles, comme on pompe une vache à lait, autant que pour se délivrer de la blondasse en celluloïd dont tous les hommes, de l'ouvrier au sénateur, possédaient une photographie en bikini, et que les producteurs s'obstinaient à séquestrer dans des rôles d'irrésistible idiote. Zelda Zonk était l'une de ses plus brillantes compositions. Un grimage auquel elle avait recours aussi souvent qu'il le fallait, moins faux, moins triché. Non pas la brune latine, incendiaire, mais la femme de tête, calculatrice, froide et déterminée. Une identité usurpée qui gagnait le respect, ce à quoi elle aspirait plus que tout. N'était-elle pas meilleure actrice qu'on ne croyait ? La première fois que ça l'avait prise, c'était un matin. L'air était soudain devenu irrespirable. Elle aurait voulu sortir de son corps, s'arracher à cette enveloppe rose et pulpeuse qui appelait partout au plaisir : à l'écran, sur les couvertures des magazines, les posters, les calendriers. Alors elle s'était collé une perruque brune sur la tête, avait enfilé des vêtements tout simples qui ne lui moulaient pas à outrance les fesses et les seins, et était sortie dans la rue. Elle voulait voir l'effet produit, retrouver la sensation perdue depuis belle lurette de déambuler sans tortiller du cul, seule, sans déclencher des émeutes dont seule l'armée réussissait à venir à bout. Se défaire quelques heures de cette part d'artifice qui avait fini par l'habiter, comme une maladie incurable. C'était bon, tout à coup, cet incroyable anonymat, et meilleure encore, rassurante, la conscience aiguë de pouvoir le rompre à tout instant. Rien de plus facile : il lui aurait suffi d'enlever ses cheveux postiches et surtout de reprendre sa célèbre démarche « horizontale » pour que le miracle s'accomplisse immédiatement. Au fond, elle n'avait même pas besoin de perruque. Naturelle, revenue à la fragilité de ses origines, personne ne pouvait la reconnaître, personne ne savait qui elle était. Ce n'était ni une question de fard, ni de couleur de cheveux. En réalité, on ne la voyait que lorsqu'elle avait décidé d'apparaître. La preuve, au faîte de sa gloire, au cours de certaines soirées new-yorkaises : « Vous faites quoi dans la vie ?

— Je suis actrice.

— Et quel est votre nom[2] ? »

Voix d'oisillon et l'air de s'excuser. Incroyable mais vrai. La femme la plus désirée au monde, qui provoquait des embouteillages monstres à chacune de ses sorties, pouvait tout aussi bien s'évanouir à volonté, se fondre dans le décor. Être une élève parmi d'autres de l'Actor's Studio, une passante incognito sur la 5e Avenue, presque laide, mal fagotée, un de ces visages vides qui lancent des miettes de pain aux oiseaux dans Central Park, une ombre désemparée sous le soleil de Californie. Mais ça, elle l'ignorait encore, apprendrait peu à peu qu'elle seule détenait ce pouvoir : donner vie à sa célèbre doublure, la convoquer au besoin. Avec ou sans Zelda Zonk. En un claquement de doigts.

Animée ; inanimée.

Elle seule pouvait déterminer le regard des autres et éclore en pleine rue, au grand émoi des badauds. Elle imaginait l'affolement : le temps se serait suspendu, on l'aurait poursuivie, traquée, entourée, assaillie. Comme dans ces aéroports qu'il fallait fermer toute une journée avant de revenir au calme « d'avant », avant qu'elle ne descende d'un avion, éclatante, rieuse, plus d'une heure après son atterrissage et traverse une piste barricadée par des gardes plus hauts que des miradors, mitraillée par une meute de photographes, tandis qu'au loin, écrasée derrière des barrières, la foule hurlait son nom (qui n'était qu'un prénom, pas même le sien) et rêvait de la piétiner. Savante mise en scène. Maintes fois répétée. Tout en la provoquant, elle redoutait la suffocation. Si les gens avaient renversé la sécurité et envahi la piste jusqu'à elle ? Et si, dans la rue, Zelda Zonk avait jeté le masque ? Soulèvement. Trouble de l'ordre public. L'idée la paniquait, mais elle n'aurait pas appelé à l'aide. Elle s'était aperçue qu'elle jouissait de cela aussi, de cette dépossession, de cet écrasement, comme sous le poids lourd, trop lourd, d'un amant. Ou d'un oreiller. Quand on s'amuse à ne plus respirer.

Elle s'amusait, parfois, à ne plus respirer.

Depuis longtemps, elle luttait contre l'asphyxie.

Maintenant, elle est rentrée chez elle. Elle a échoué de taxi en taxi. Tout l'après-midi. Chaque fois la même question et presque à l'unanimité la même réponse. Sur la douzaine de chauffeurs interrogés, dix ont lâché spontanément : « Marilyn Monroe. »

L'imperméable gît en boule par terre, à côté des chaussures et de la perruque brune. Elle ne portait rien d'autre. Un miroir lui renvoie la vision de la paille pisseuse qui lui sert de chevelure, de son corps nu et blanc, sans fard, qu'elle n'a pas lavé ces derniers jours, sur lequel s'agrippent les années et dérapent les caresses. Car elle est seule, ce soir, avec la nuit devant elle, le téléphone pour unique étreinte. Ce n'est pas grave. À peu d'exceptions près, tous les hommes brûlent de coucher avec elle. Les hommes — combien d'amants glissés sur sa chair — qui se jettent sur sa peau comme des morts de faim. S'ils savaient. S'ils avaient su qu'elle était là, à quelques centimètres, vulnérable, offerte. Le fantasme numéro un. Ils ne l'ont pas reconnue. Ils ne l'ont pas vue. Car Marilyn Monroe n'existe pas.

Marilyn Monroe, c'est elle.

Naissance

Il y a d'abord la lumière qui s'éteint, violemment, sans explication, puis la sensation que tout devient difficile, hostile et chaud. Très chaud. Une bataille monstrueuse et disproportionnée contre un néant soudain, incompréhensible, qui gagne du terrain et recouvre tout.

Rhode Island Avenue, Hawthorne. Une journée comme les autres dans cette banlieue morne de Los Angeles. Des pavillons alignés où s'empilent rêves écrasés, mensonges et mauvais goût, où derrière des rideaux se retranchent des années de mesquinerie. Dans un des bungalows, une vieille folle, gavée de prêches et de sermons évangéliques, tente d'étouffer un nourrisson sous un oreiller. Elle appuie sur son visage. La petite (car c'est une fille) se débat. Ses bras, ses jambes potelées s'agitent. Mais l'autre maintient sa pression, l'accentue même, plaquant bien le coussin sur la figure du bébé pour qu'aucune parcelle d'air ne puisse passer, qu'aucun cri ne filtre. Les mouvements de l'enfant commencent à faiblir. Le combat est trop inégal, évidemment. La vieille a des années d'avance de violence plus ou moins contenue, de frustration haineuse. Elle a surtout ce qu'on appelle pudiquement des « crises ». Depuis un temps elle cherchait un coupable au grand ratage qu'avait été sa vie. Et ce matin, tout a été clair. Le démon, c'est Norma Jeane, la fille de sa fille, cette gamine vigoureuse et joufflue qui gazouille dans ses langes, à deux pas d'elle.

Heureusement, les Bolender, voisins d'en face, chargés de veiller sur l'enfant, arrivèrent à temps pour empêcher Della Monroe Grainger de tuer sa petite-fille. On mit deux ou trois gifles au bébé et peut-être lui fit-on un massage sur la poitrine afin de permettre à l'air de circuler à nouveau dans ses petits poumons. Puis on expédia sans attendre la vieille à l'asile d'aliénés. Ou alors (autre version), la petite parvint, seule, à se débattre assez pour résister à l'étau monstrueux. Et la grand-mère finit par s'avouer vaincue. Ou encore la crise s'arrêta brusquement, à temps, l'ancienne changea d'idée, cala l'oreiller derrière son dos pendant que la gamine toussait à s'en déchirer la gorge et reprenait ses esprits. Della Monroe ne serait pas envoyée à l'asile ce jour-là. Ce ne serait que partie remise.

Quoi qu'il en soit, Norma Jeane ne mourut pas. Pas cette fois. Pas en 1927.

Mais ce qui serait l'histoire sordide d'un infanticide, un cas effrayant de démence fulgurante, n'est peut-être qu'une fable. Car il n'existe aucune preuve de cette prétendue tentative de meurtre perpétrée sur un inoffensif bébé de quelques mois. Vrai ou faux, l'enjeu, la signification de cet « incident », n'en est que plus fort. C'est en effet Marilyn Monroe superstar, adulée dans le monde entier, personnification de la féminité triomphante, qui dévoila ce fait et le rendit public. Ce fait intime et épouvantable qui, selon elle, la constituait et, en quelque sorte, l'avait accouchée. Son acte de naissance. Son premier souvenir, disait-elle. Cependant, la femme connue sous le nom de Marilyn Monroe mentit beaucoup sur son passé, son enfance, ses débuts dans la vie, ses mariages. Sa trajectoire est une forêt noire au milieu de laquelle elle consentit, parfois, à laisser tomber quelques menus cailloux. Il fallait bien qu'elle se protège. Il fallait bien aussi qu'elle se construise. Qu'elle s'invente et forge sa légende où se confondaient la démence atavique de son ascendance familiale et l'incroyable force de résistance d'une petite fille délaissée, mal aimée, victime de la férocité des adultes. Elle devait s'appuyer sur le contraste entre le vilain petit canard Norma Jeane et le cygne somptueux Marilyn Monroe. Plus celui-ci serait saisissant, plus le mythe serait puissant et universel.

Il était donc une fois, raconta-t-elle, une petite fille pauvre née à neuf heures et demie du matin le 1er juin 1926 dans la salle commune de l'hôpital général de Los Angeles. Un beau bébé, éclatant de santé, très blanc de peau, avec quelques bouclettes châtain clair et des yeux follement bleus. Du côté maternel, un arrière-grand-père suicidé, un grand-père mort fou, une grand-mère cyclothymique, alcoolique et maniaco-dépressive. La mère, elle, est instable et sujette à différentes psychoses. Quant à l'ascendance paternelle, tout est possible. La fillette n'a pas de père. Le déclaré, Martin Edward Mortensen, d'adresse inconnue, est simplement un nom vide, sans visage. Le vrai père est mort, ou bien il a tiré sa révérence sans prévenir, ou encore ignore-t-il qu'il est père. Peut-être préfère-t-il ne pas le savoir. Gladys Baker, la mère, ne connaît pas vraiment d'amours durables. Sait-elle au juste qui l'a mise enceinte ? C'est une femme mince, encore jeune, à la silhouette plutôt gracieuse et accueillante, ferme, qui travaille douze heures par jour dans un studio de montage des « Consolidated Film Laboratories » de la RKO. Rien de très excitant : une tâche purement mécanique consistant à trier et classer des négatifs. Mais c'est Hollywood, le monde du cinéma, industrie du rêve. Et Gladys aime bien rêver, faire la fête avec son amie et collègue Grace McKee, sortir avec des hommes, se prendre pour une actrice, oublier un moment l'enfer d'où elle sort. En un mot, refaçonner la réalité à sa juste mesure. Son père est mort dans un hôpital psychiatrique. Quant à sa mère...

Gladys croit que son père était cinglé, que sa mère en prend le chemin, que la dépression et la démence sont héréditaires. Elle cherche des issues pour échapper à cette saloperie de fatalité et tente le corps des hommes, les bras des hommes. Leurre de protection, mirage d'équilibre. À quatorze ans, elle est enceinte. Sa mère l'oblige à épouser l'auteur du délit. Il s'appelle Jasper Baker, a douze ans de plus qu'elle, boit et cogne quand ça le prend. Et ça le prend souvent. Il voudrait que Gladys avorte, ce qu'elle refuse. Ils se marient en mai 1917. Della fait croire à tout le monde que Gladys a dix-huit ans. En novembre, elle accouche d'un garçon, Jackie, et à peine deux ans plus tard d'une fille, Berneice. Elle n'est pas tout à fait résignée. Chez elle, quelque chose résiste encore. Lasse d'être injuriée, humiliée, de tomber quotidiennement sous les raclées de son époux, et de porter des lunettes de soleil pour dissimuler ses yeux pochés, Gladys demande le divorce en 1921 et retourne s'installer chez sa mère abandonnée par son deuxième mari, avec ses deux enfants.

Alors l'effroyable se produisit. Dans cette famille, le pire, comme allait l'apprendre la petite Norma Jeane, était toujours à venir. On avait beau croire que le plus difficile était passé, qu'à un moment donné, pour des raisons statistiques, la balance allait finir par pencher de l'autre côté, du côté doux et tempéré des choses. Eh bien non. L'horreur parvint, une nouvelle fois, à reprendre le dessus.

Une fin de semaine, Jasper Baker ne ramène pas les enfants. Gladys a beau tenter plusieurs démarches et se démener comme un diable, rien n'y fait. Son fils et sa fille sont désormais entre les mains d'un père violent, alcoolique et cruel, qui leur fait payer à eux le départ de leur mère. Gladys tangue et fléchit, elle ose l'oubli, s'installe dans un appartement minuscule à Hollywood. Quand elle remplit des formulaires administratifs, elle entoure la mention « sans enfant » ou « décédés ». Elle essaie le cinéma, se coiffe comme les actrices à la mode, s'invente des vies plus grisantes que la sienne, moins funèbres. En compagnie de son amie Grace, décolorée comme Jean Harlow, elle se rêve sur grand écran, pas bien longtemps du reste, comprend assez vite qu'il lui faut passer de l'autre côté, du côté de la technique, et échoue dans une salle de montage de la RKO. Les films s'enchaînent, les modes aussi. Gladys crante ses cheveux et fume des cigarettes. Elle prend des poses, porte de petits tailleurs cintrés. Elle enchaîne les étreintes sans lendemain, goûte à l'amour (le vrai, cette fois) avec Stan Gifford, rêve mariage à nouveau, très fort. Mais les hommes ne restent pas longtemps sur son corps sec et fiévreux. Les hommes, probablement, savourent dans un premier temps sa désinvolture, l'extrême finesse des traits de son visage, la douceur onctueuse de sa peau, mais la lueur qui s'allume de temps à autre dans son regard bleu leur intime secrètement l'ordre de prendre la fuite. Gifford refuse de l'épouser. Blessée, trahie, de plus en plus angoissée, Gladys se jette sur un ouvrier qui passait par là et lui passe la bague au doigt. Ou la corde au cou. Nous sommes en octobre 1924. Entre en scène le fameux Edward Mortensen qui figurera, deux ans plus tard, sur l'acte de naissance de la petite Norma Jeane qu'il ne connaîtra jamais et dont il est quasiment exclu qu'il soit le géniteur. Il faut croire en effet que Gladys Baker, à tout prendre, préfère encore les coups à l'ennui. Au bout de quatre mois, elle a déjà fait le tour d'Edward Mortensen et de son accent norvégien. Ils se séparent en février 1925. Retour aux mauvais traitements et au bon vouloir de Stan Gifford dont l'inconstance la dévore à petit feu.

Quand, en octobre 1925, elle découvre qu'elle est enceinte, Gladys n'hésite pas. Même si Gifford a déjà fait savoir que... Et puis, qu'est-ce qui lui prouve que... Même si elle s'en sort déjà si mal avec son salaire minable et le coût élevé de la vie en Californie. Même si sa mère la traite d'idiote, de malade. Gladys s'en fiche et lui demande juste la permission de venir abriter sa grossesse illégitime, de temps à autre, chez elle. Cette enfant, cette fille (car elle est certaine que ce sera une fille), elle veut la garder. Elle la garde. C'est sa revanche, sa récompense arrachée à des nuits d'attente déçue, à des promesses brisées, aux deux petits qu'on lui a pris. C'est son film sur grand écran. Car ce sera une fille et un jour une star de cinéma. Gladys le veut et lui donne le prénom de ses actrices préférées : Norma Shearer – ou bien est-ce Norma Talmadge ? – à qui elle croit ressembler un peu, et Jean Harlow, prénom auquel elle rajoute un *e* parce que c'est l'usage dans l'Ouest.

Norma Jeane.

Norma Jeane Mortensen

Norma Jeane, enfant de l'abandon plus que de l'amour, du désespoir plus que du désir, d'une toquade plus que d'une nécessité. Parce que Gladys n'est mère que par intermittence. Une fois la petite née, elle a tôt fait de reprendre son emploi à la RKO et sa dérive hollywoodienne, confiant son bébé aux voisins de sa mère. Della, en effet, n'est pas là. Elle est partie à la poursuite de son deuxième mari, enfui à des kilomètres, qu'elle espère ramener au bercail dans les plus brefs délais. Norma Jeane est baptisée par sœur Aimee Simple McPherson, fondatrice de la secte des scientistes chrétiens qu'a intégrée Della Monroe, et dont les sermons sont dispensés, chaque dimanche, à grands renforts de fumigènes et d'effets spéciaux. Puis Gladys s'en va. Elle s'est entendue avec Wayne et Ida Bolender, du bungalow d'en face, moyennant cinq dollars la semaine, pour qu'ils prennent la petite en pension.

« Je viendrai tous les samedis, a-t-elle promis au bébé. Tous les samedis, Norma Jeane. Je resterai dormir et on aura deux grands jours pour nous.

Et quand j'aurai assez d'argent, j'achèterai une maison où nous habiterons toutes les deux. Avec des meubles blancs, des rideaux blancs, un piano blanc. Et plus rien ne nous séparera. On ne se quittera jamais plus. »

Car l'instinct maternel luit de temps à autre chez Gladys comme un foyer mal éteint. Ça déferle par vagues violentes, tourbillon de désir et de culpabilité, et ça s'apaise aussi vite que c'est venu. Gladys donnerait sa vie pour Norma Jeane. Cette histoire de maison, elle y croit dur comme fer. L'espace de quelques minutes seulement. L'instant d'après, elle est déjà terrée dans d'autres mirages et ne pense plus qu'à faire la bombe avec ses amis de Hollywood. Elle a passé un samedi, sans s'en apercevoir. Dommage, le samedi d'après elle a un rendez-vous le soir. Alors elle fait juste l'aller-retour, arrive chez les Bolender, essoufflée, avec un cadeau ou deux emballés à la hâte, ses cheveux roux savamment coiffés, dernière tendance, prend maladroitement le petit paquet de chair rose que lui tend Ida, dépose un baiser froid et sec sur chacune des joues du bébé avant de l'emmener faire un tour, en silence.

« Elle mange bien ?

— Oui.

— Elle dort bien ?

— Oui. »

Norma Jeane est une fillette facile. Jamais malade, plutôt docile. Elle grandit sans rien dire, au milieu de plusieurs autres gamins. Chez les Bolender, la garde d'enfants est une curieuse combinaison : une industrie qui rapporte (ils en ont parfois cinq ou six à charge), autant qu'un devoir moral. Le couple, fondamentaliste religieux, se reconnaît la mission d'inculquer à tous ses petits pensionnaires les notions essentielles de l'amour et du péché, de la vertu et du vice, ainsi que des règles de comportement. Messe tous les dimanches. Gladys, qui se maquille un peu trop à leur goût, fume comme un sapeur et fréquente des gens plus ou moins de mauvaise vie, ne donne pas à sa fille le meilleur des exemples. Heureusement, ils sont là, eux, pour veiller au grain et maintenir dans le droit chemin Norma Jeane, malléable comme une pâte molle, puits sans fond prêt à accueillir des cascades d'homélies et de béatitudes. Avec sévérité, rigueur. La tendresse doit être mesurée, distribuée avec parcimonie. La tendresse n'est pas loin de faire partie des faiblesses humaines. Il faut s'en méfier comme de la peste. Ou de la folie.

Sur ces entrefaites, Della Monroe revient. Seule. Le mari, qu'elle est allée traquer jusqu'au fin fond de Bornéo où il s'est réfugié, n'a rien voulu entendre. Il l'a envoyée au diable. Elle est donc rentrée à Hawthorne, Rhode Island Avenue, dans son pavillon en face de chez les Bolender, meurtrie, humiliée. L'alcool qu'elle ingurgite à des doses de plus en plus costaudes, et les sermons d'Aimee Simple McPherson, la tiennent à flot tant bien que mal. En sursis. Au cours d'une accalmie, elle découvre qu'elle a une petite fille. Que fait cette gamine chez les Bolender ? Une descendante de James Monroe (cinquième président des États-

Unis, 1817-1825), comme elle aime le prétendre, entre les mains de ce couple mesquin et tristounet qui, sous couvert de charité, s'en met plein les poches ! Et pourquoi Gladys ne lui en a-t-elle pas confié la garde ? Della est atterrée. À toute heure, elle débarque chez ses voisins pour réclamer Norma Jeane. Wayne et Ida Bolender sont ennuyés. Gladys ne leur a pas vraiment laissé de consignes sur ce point, de toute façon elle ne vient pas souvent et, à vrai dire, ils ne sont pas certains qu'elle soit de bon conseil. Quant à Della, ils ont leur opinion à son sujet et ne sont pas rassurés du tout quand ils la voient emmener la pauvre gosse chez elle en miaulant comme une chatte, minaudant des âneries, infantile jusqu'au ridicule. Comme si elle voulait jouer à la poupée. Un après-midi, après quelques heures passées chez sa grand-mère, ils remarquent quelque chose chez la petite. Impossible de dire quoi, mais proche de l'épouvante. Rouge, elle tousse, vomit, son sommeil est agité. La vieille a dû faire du mal à Norma Jeane, il n'y a pas d'autre explication. C'est une hystérique, alcoolique qui plus est. Elle représente un véritable danger pour l'enfant. Elle ne doit plus la revoir.

Wayne Bolender interdit l'accès de sa maison à Della Monroe. À peine a-t-il le temps de barricader portes et fenêtres que cette dernière se rue sur leur bungalow en hurlant, mélange de vociférations incohérentes et de supplications. Elle tambourine, se casse les ongles contre les murs, ricane, lance d'inutiles coups de pied, commence à s'arracher les cheveux et à se dévêtir. De sa gorge fatiguée, de son corps usé, tout sort à gros bouillons, rien à faire pour endiguer ce flot qui vient de très loin, de très profond. Des pavillons alentour, on donne l'alerte. Chez les Bolender, Ida plaque ses mains sur les oreilles de Norma Jeane pour l'empêcher d'entendre sa grand-mère crier son nom avec une imploration menaçante. À travers les barreaux des fenêtres, ils voient bientôt les infirmiers s'emparer de Della. Ils assistent au dernier combat, impuissant, de la malheureuse, aux gloussements effrayants qui ont succédé aux éructations, une ultime fois ils entendent la malédiction qu'elle jette contre eux, contre la terre entière, et contre Norma Jeane.

Le silence se réinstalle confortablement entre les pavillons, quelque chose proche de la normalité se pose comme une bulle sur les lotissements de Hawthorne. Della Monroe meurt à peine un mois plus tard, à l'hôpital psychiatrique de Norwalk, lors d'une crise de démence. Norma Jeane pousse et ouvre ses yeux bleus étonnés sur le monde qui l'entoure. Il y a d'autres enfants, certains ont le droit d'appeler l'homme et la femme du bungalow papa et maman. Pas elle. Elle ne sait pas pourquoi. Ida le lui a pourtant répété plusieurs fois : « Ta mère, c'est la dame rousse qui vient te chercher le samedi pour faire une promenade. »

Norma Jeane n'entend pas. Elle réclame des baisers, des câlins. Ce n'est ni le genre de la maison, ni celui de Gladys qui, lors de ses visites, trimbale sa fille ici et là, sans trop savoir quoi en faire. « Assieds-toi là, on va faire un tour en voiture,

Norma Jeane. On va aller à la plage. Il y aura des amis à moi. Et surtout, sois sage, ne parle pas, j'ai mal à la tête. Je ne supporte pas les cris d'enfants. » Ou alors, dans son appartement à Hollywood : « Ne bouge pas, tiens-toi tranquille. J'attends quelqu'un. »

La fillette se réfugie dans un coin, près d'un placard, regarde les photos d'acteurs au mur, se faufile, muette, entre les cintres, les robes de la penderie. Un baiser rapide au retour. Gladys a rendez-vous, elle a peur d'être en retard, décoiffée, elle dépose Norma Jeane devant la porte, elle n'a pas le temps de descendre de l'auto, elle reviendra, promet-elle, elle reviendra. Au revoir, murmure la fillette à la belle dame en tailleur qui ne sourit jamais, sans rien comprendre au manque d'amour qui l'enveloppe de toute part. L'amour, pourtant, ça doit bien exister puisqu'à la messe, chaque dimanche, on ne parle que de cela.

En 1933, c'est la chute.

Gladys Baker apprend coup sur coup le suicide de son grand-père maternel et la mort, dans des circonstances atroces et troubles, de son fils Jackie qu'elle n'a jamais revu. Le garçon aurait succombé à la suite d'une infection tuberculeuse provoquée par de mauvais traitements. Jackie, visiblement, était souvent victime de « malchance ». Il avait seize ans. Gladys s'écroule. Sentiment de culpabilité, impuissance. En elle, le germe du délire de persécution commence à prendre racine. Son enfant, son premier enfant, son seul garçon. Elle revoit Jackie bébé, imagine le beau jeune homme qu'il était devenu, qu'il serait devenu. Tout se mélange dans sa tête. Elle se sent indigne. Le temps est peut-être venu pour elle de cesser sa mauvaise vie. Elle n'est pas une bonne mère. Dieu a voulu lui envoyer un message. La mort de Jackie est un avertissement. Sans doute n'est-il pas trop tard encore pour expier, la rédemption est toujours possible : ce qu'elle a raté avec ses deux premiers petits, elle le rattrapera avec Norma Jeane. Non, la folie n'est pas héréditaire. Le voile qui tangue devant les yeux de Gladys s'épaissit imperceptiblement. Son comportement s'altère. À son tour, la voilà qui s'abreuve de science chrétienne, travaille deux fois plus pour parvenir à boucler son budget dans un climat économique chaque jour plus insoutenable, contrainte parfois d'enjamber les piquets de grève pour rejoindre son studio de montage. Le jour, elle est à temps plein à la Columbia. La nuit, à la RKO. Son unique obsession désormais : acheter une maison pour Norma Jeane et elle.

« Ce n'est pas raisonnable, lui répète son amie Grace. Tu vas t'endetter jusqu'au cou. Le contexte n'est pas favorable.

— J'achèterai cette maison, monologue Gladys. Je le dois à ma fille. Dans notre maison, nous serons protégées. Personne ne pourra venir nous faire du mal. »

Le 20 octobre 1934, Gladys et Norma Jeane emménagent dans une jolie petite maison, au numéro 6812 d'Arbol Drive, à Hollywood. Il y a un étage, un jardin. Gladys achète des meubles blancs et fait livrer un piano à queue (blanc aussi), pour Norma Jeane. Une folie. Pour la première fois de son existence, Gladys est heureuse, ses actes sont conformes à ses rêves (ou l'inverse) ; maîtresse de sa vie, elle éprouve une sensation de puissance magnifique. Dans le même temps, elle panique complètement. L'argent lui glisse entre les doigts, s'évapore dans les touches du piano à queue, même abîmé, même d'occasion, dans les chaises, les rideaux, les lits. Elle panique, et croit que des individus hostiles vont faire irruption chez elle pour tout emmener. Alors, elle noie sa terreur dans l'ivresse et la fête. Peut-être sent-elle que tout sera éphémère. Presque tous les soirs elle organise des dîners dans ses nouveaux murs, s'enroule entre les bras des hommes puis s'impose des mortifications, pour expier.

Et Norma Jeane au milieu, longue et maigre, fillette silencieuse, toute blanche, fondue dans le décor, avec ses cheveux qui ont foncé, désormais bruns, ses grands yeux bleus, au milieu de l'épaisse fumée de cigarettes et des vapeurs d'alcool, des rires, des chansons. Couchée tard, trop tard. Levée pour faire le guet, sur le pont, petite vigie solennelle postée là pour défendre sa mère. Norma Jeane a huit ans. Elle ne saisit pas toujours très bien les remous qui s'agitent autour d'elle, elle perçoit juste des tensions souterraines, menaçantes. C'est une enfant grave pour son âge. Obéissante. Elle fait comme on lui dit. Elle a quitté l'austère foyer des Bolender sans même un pincement au cœur. Ne pas s'attacher, jamais. Qu'était-elle pour eux sinon une source de revenus ? Maintenant il existe une personne qu'elle a la permission d'appeler maman, tous les jours si elle le souhaite. Rien ne vaut cela. Norma Jeane voudrait que sa maman soit fière d'elle, car sa maman est courageuse, elle se bat pour qu'elles puissent vivre toutes les deux dans leur jolie maison. Oui, sa maman est merveilleuse, elle mène une vie dure, c'est pour cela qu'elle ne sourit pas beaucoup, qu'elle ne supporte pas que Norma Jeane fasse du bruit, il faut la comprendre. Parce qu'elle est toute seule. En effet, le père de Norma Jeane n'est pas là, c'est un acteur célèbre, un cow-boy, quelque chose dans ce goût-là, un bel homme brun avec d'élégantes moustaches, elle l'a vu en photo. Il ne faut pas qu'elle ennuie sa maman, qu'elle la contrarie. Car la vie a été rude pour elle. Parfois, il lui arrive de parler toute seule en hochant la tête de manière bizarre. Sa pauvre tête qui lui fait si mal.

Quelque chose va craquer. La fragilité de sa mère n'échappe pas à Norma Jeane, pas plus que celle de leur bonheur (car le bonheur, c'est certainement cela, une maison blanche, une maman, un jardinet). Mais que faire ? La fillette voudrait serrer fort dans ses bras le corps osseux de Gladys, le protéger de tout son petit être. Contre les méchants.

Souillure

Maintenant, il y a ce que Marilyn Monroe a clamé sur tous les tons face à des cohortes de journalistes. Ce qu'elle a dit et ce qu'elle n'a pas dit. Il y a ce que la divine illusion de strass et de paillettes a eu besoin d'avouer un jour pour se donner une consistance. Un corps qui souffre est un corps qui existe.

L'histoire se poursuit ainsi : affolée par les dettes, acculée aux extrêmes, quelques semaines à peine après l'achat de sa petite maison sur Arbol Drive, Gladys Baker est contrainte de prendre des locataires. L'angoisse la tient à la gorge, elle a beau accumuler les heures en studio, elle ne s'en sort pas. Débitrice, encore et toujours. Quelque part, dans la vie de Gladys, se trouve un créancier qui attend son tour. Elle doit alors scinder son rêve en deux et met le premier étage de sa maison à la disposition d'un couple d'acteurs anglais, Murray Kinnel et sa femme. Très vite elle s'aperçoit, racontera son amie Grace McKee, que « Mr et Mrs Kinnel ne se comportent pas bien avec

Norma Jeane[1] ». Presque vingt ans plus tard, en 1953, Marilyn Monroe évoquera un « Mr Kimmel » qui la fait entrer dans sa chambre, ferme la porte derrière elle et lui demande d'être « gentille ». Quelques minutes plus tard, salie, honteuse, horrifiée, elle essaie d'en parler à sa « tante » qui lui retourne une gifle en plein visage et la traite de menteuse. Élégant, tiré à quatre épingles, « Mr Kimmel » (ou « Kinnel ») descend alors, lui passe une main dans les cheveux et lui donne une pièce pour qu'elle aille s'acheter un bonbon. La fillette bafouille, se cloisonne dans sa solitude et son incompréhension. Le bégaiement ne la quittera plus.

Sur les faits mêmes, la vérité dans ses moindres détails, comme toujours, est impossible à établir. Elle n'est pas essentielle. Quelle est la définition d'un viol ? Le premier mari de Marilyn, Jim Dougherty, affirmera qu'elle était « vierge » quand il l'a épousée. Pourtant, un jour d'automne 1934, la petite Norma Jeane, fille de Gladys, a bel et bien été étouffée, asphyxiée une nouvelle fois. Touchée, fouillée au plus secret d'elle-même par un homme respectable, respecté de tous et admiré par sa mère, elle ne comprend pas ce qui se passe et voit s'écrouler autour d'elle l'ordre établi (celui des sermons, des discours évangéliques, du bien et du mal). Titubante, elle pense trouver refuge dans les bras de sa « tante », qui n'est autre que sa mère, bien entendu, et subit alors la deuxième blessure, peut-être plus intime encore, plus profonde que le premier outrage. L'adulte aimée ne la défend pas, ne la console pas. Au contraire, elle la repousse et l'accuse. C'est l'injustice la plus épouvantable, la plus scandaleuse et la plus inutile car au fond Gladys sait sans doute que Norma Jeane ne ment pas. Et Norma Jeane sait qu'elle sait. Mais elle est prisonnière de son rêve. Elle ne veut pas admettre son impuissance à protéger sa fille, comme elle fut incapable de secourir son fils. Une deuxième fois. Qu'est-ce qu'une mère qui ne protège pas ses petits ? Elle peut juste déclarer son inadaptation totale au monde et tirer sa révérence, se dégager enfin de toute responsabilité. Accélération des troubles mentaux, crises, déclaration d'incapacité et internement définitif en décembre 1934. Un matin, Norma Jeane entend des cris d'épouvante, suivis de ricanements dans la cuisine. Gladys a largué les amarres, elle est partie dans un pays qu'elle seule connaît. Des infirmiers l'attachent sur un brancard. L'ambulance s'en va.

La démence est sans doute une forme travestie et moins douloureuse de la culpabilité. Gladys Baker sort à son tour de l'histoire. Le rêve de la blanche maison aura duré trois mois.

Norma Jeane, cette fois, était bien morte. Il n'y avait plus qu'une petite fille blessée, rongée par le remords, absolument seule sur terre. Et désormais bègue. Avait-elle fauté ? Avait-elle livré sa mère aux infirmiers de l'asile ? Elle se retrouvait sans famille, appartenait déjà au monde. Son corps, pâture désormais publique, se préparait en sourdine à prendre sa revanche. Elle l'ignorait encore.

Souillure originelle qui bâtit et déconstruit en même temps. Le corps violé de Norma Jeane expédie sa mère à l'asile et elle à l'orphelinat. C'est l'irrémédiable chute sur le versant d'une colline qu'on ne remonte pas, l'instant où tout bascule, où Norma Jeane Mortensen, fille de Gladys Baker, meurt aux yeux de la société, est dépouillée de son identité originelle. Dès lors, il va bien falloir qu'elle s'en trouve une autre.

Marilyn Monroe avait commencé à prendre forme entre les doigts vicieux d'un comédien anglais de deuxième zone.

Gladys internée, son amie Grace McKee devient la tutrice légale de Norma Jeane. La petite est sous le choc, elle balbutie des phrases incohérentes, surprend des conversations entre adultes murmurées non loin d'elle. « Troubles mentaux ». « De famille. » « Finira comme les autres. » Elle tremble à l'idée d'infirmiers qui arrivent et la saisissent, le jour où elle commencera à hurler et à rire toute seule. Parce qu'il y aura forcément un jour où, comme Della, comme Gladys... Elle tente de se blottir contre tante Grace, double de sa mère disparue, fausse blonde qui rêve d'ailleurs et ne rechigne pas à boire un coup de temps en temps. Elle voudrait ne plus bouger, ne plus rien entendre, juste regarder le temps passer loin derrière les fenêtres, à l'abri, grandir en silence en attendant l'heure de la revanche, non pas hantée par des peurs d'un autre âge, mais éblouie par des illusions de petite fille. Le problème, c'est que Grace McKee est tombée amoureuse. Le 17 août 1935, elle se marie avec un Texan fauché comme les blés, « Doc » Goddard. Elle a beau ne pas se l'avouer,

Norma Jeane l'encombre. Elle n'a pas les moyens d'élever une enfant qui n'est pas la sienne. Et cependant, elle adore la fillette, ferait n'importe quoi pour elle, se prive de manger pour la nourrir, l'emmener au cinéma. Car le cinéma, évidemment, c'est bien plus beau que la vie.

Empêtrée dans un tissu de contradictions, loyale envers Gladys mais soumise à son mari alcoolique, souvent prise de boisson elle aussi, Grace Goddard se résout au pire. Le 13 septembre 1935, elle empaquette sans rien dire les pauvres affaires de Norma Jeane. Son visage est fermé, des larmes coulent de temps à autre le long de ses joues, presque par mégarde. Elle la fait monter dans sa voiture. Et elles roulent, sans un mot, jusqu'à ce que l'auto s'arrête devant un bâtiment rouge : « C'est là que tu vas habiter maintenant, dit tante Grace. Juste quelque temps. Tu comprends, nous n'avons pas assez d'argent, Doc et moi, nous traversons une période difficile, je ne peux pas m'occuper de toi pour l'instant. Tu seras mieux ici. Je te rendrai visite tous les samedis, en attendant que ça s'arrange. Et alors, tu reviendras à la maison. Ne t'inquiète pas. Tu peux sortir d'ici quand on veut. Ce n'est pas une prison. »

La petite fille ne comprend pas. Elle pense qu'on l'envoie dans une nouvelle famille d'accueil. D'autres Bolender, aux nouveaux visages, nouveaux rites, nouveaux murs. Mais la maison est trop grande pour un seul foyer. Alors il s'agit peut-être d'un pensionnat, quelque chose comme cela. Cette douleur brutale au ventre, partout, cette sensation de ne plus pouvoir respirer. Soudain, elle voit l'inscription, et cette fois l'impression très nette qu'on lui écrase à nouveau un oreiller sur le visage : « Orphelinat ».

Alors l'enfant a hurlé, hurlé — une erreur, c'était probablement une erreur, elle n'était pas orpheline puisqu'elle avait une mère, sa mère s'appelait Gladys et elle était bonne et douce et courageuse, elle lui avait acheté une maison blanche avec un piano (blanc aussi) et un jardin. Des gens sont venus la maîtriser. Des surveillants sans doute.

« Je reviendrai », a sangloté la voix de tante Grace en s'éloignant.

Silence. Dans le réfectoire, des dizaines de visages vidés détournèrent la tête. Ce fut la seule révolte de la petite fille. À présent, elle n'avait plus de nom et portait un numéro. Le 3463.

Elle ne se rebellera pas. Mais à partir de là, elle ne dormira plus la nuit, harcelée par des cauchemars, réveillée en sueur par des terreurs indicibles, secrètes, qui ne la quitteront jamais plus et contre lesquelles, plus tard, elle essaiera tous les recours, épuisera toutes les pénitences. Elle ne se rebellera pas mais ne retrouvera plus le débit normal de la parole, ses mots buteront dorénavant sans cesse contre cette boule restée en travers de sa gorge le jour où des doigts étrangers se sont introduits dans son corps d'enfant et lui ont pris sa mère. Elle ne dira rien, ne se plaindra jamais. Le soir, de la fenêtre du dortoir, elle observe sans un mot, non loin, l'enseigne brillante de la RKO luire dans la nuit. Où est sa mère ? Que s'est-il passé ? Elle continue de l'ignorer, certaine de porter une quelconque responsabilité dans l'affaire et d'en payer le prix. Elle n'est pas une enfant comme les autres, c'est sa seule certitude. Elle possède deux jupes plissées bleues et deux chemisiers blancs identiques. C'est tout. À l'école, les élèves issus de l'orphelinat sont montrés du doigt par les autres, insultés, moqués, traités de pouilleux. Norma Jeane n'a pas d'amis. Elle n'est jamais invitée. Elle encaisse tout, en silence. Ses yeux s'éclairent simplement quand Grace vient la chercher. Pour oublier les jours immobiles, elle l'emmène dans les magasins et voir des films, du mouvement, de la lumière, l'habille, la maquille, euphorique, l'entraîne dans ses délires.

« Tu es si belle, Norma Jeane. À part ton nez, tu es parfaite. Un jour, tu seras une grande actrice de cinéma, la plus grande actrice de tous les temps. Dis-le, dis ce que tu seras plus tard.

— Une grande actrice de cinéma. »

À part elle, toutefois, personne ne perçoit chez la fillette malingre et trop grande pour son âge le moindre signe distinctif. Qu'est donc Norma Jeane sinon quelques kilos de chair et d'os trimbalés d'un endroit à un autre que tante Grace, accablée par la culpabilité, se démène pour caser parmi ses relations ? Cousins, tantes, vagues parents des Goddard sont en effet appelés à la rescousse et se voient tour à tour proposer la garde de Norma

Jeane. La gamine vaut cinq dollars la semaine, c'est toujours bon à prendre et mieux que l'orphelinat, se dédouane Grace. Norma Jeane n'a pas d'avis sur la question. Du moins, on ne le lui demande pas.

Pendant deux ans environ, elle est ainsi sans cesse déplacée d'un foyer à un autre. La petite fille à cinq dollars est toujours la dernière arrivée, la dernière servie. Elle passe après les autres enfants, après tout le monde, n'a pas de chambre à elle. Il n'y a pas de petites économies. (Marilyn Monroe racontera qu'il lui est arrivé à cette époque de prendre son bain hebdomadaire dans une eau qui avait déjà servi à une famille tout entière.) Pas d'affection non plus, de tendresse. Ne subsiste qu'un arrangement décidé entre adultes et imposé à la fillette. À peine Norma Jeane a-t-elle été dressée à de nouvelles règles, aux manies de ses hôtes, qu'elle doit plier bagage. Direction : un nouveau foyer ou un bref retour à l'orphelinat. Norma Jeane n'est en effet jamais hébergée très longtemps dans une famille. De trois semaines à quelques mois. Se pourrait-il que la petite fille docile ne l'ait pas été tant que cela ? Qu'elle ait manifesté parfois quelque résistance ? Tiré les cheveux des enfants légitimes ? Volé un jouet ? Norma Jeane ne souhaite qu'une chose : réintégrer la maison de Grace qui constitue sa seule famille véritable, lui rappelle Gladys et lui fait découvrir les films de Jean Harlow et de Clark Gable. La blonde Jean est aux yeux de la fillette l'incarnation d'une splendeur fantasmée par sa mère, la mère idéale, la femme à devenir, émanation d'un pouvoir éclatant. Quant au beau Gable, il rappelle à Norma Jeane la photo d'un homme qu'elle a vue un jour chez sa mère, il y a longtemps. L'enfant se plaît à croire que l'acteur magnifique est l'homme de la photo. La jeune fille qui s'apprête à éclore s'accroche à l'idée que Rhett Butler n'est autre que son vrai père. Du côté de sa mère, nulle illusion n'est désormais permise. Grace a fini par dire la vérité à Norma Jeane. Elles ont même déjeuné avec Gladys. L'ancienne monteuse de la RKO, qui maigrit de jour en jour, déclarée « incapable » depuis janvier 1935, a bel et bien levé l'ancre sans espoir de retour. Elle reste silencieuse, ne reconnaît ni sa fille ni son amie, oublie instantanément ce qui a été dit la minute précédente. Gladys Baker n'est plus qu'une enveloppe décharnée, une apparition. En vérité, c'est plutôt Norma Jeane qui ne la reconnaît pas. À tout prendre, elle préfère les fantômes sur grand écran, forts et protecteurs, invincibles et bien plus beaux que les visages éteints de l'orphelinat ou de parents d'un soir. La réalité, trop laide, mérite vraiment d'être réinventée. Doucement, le cinéma constitue la famille qu'elle se choisit en silence.

À douze ans, Norma Jeane est une grande bringue, maigre comme un clou. Elle mesure déjà un mètre soixante-deux, bien plus grande que la moyenne des enfants de son âge. Impression de grandeur renforcée par la finesse de sa silhouette, famélique : une vraie planche à pain. Avec sa jupe bleue plissée et son chemisier blanc. Invariablement. Les autres élèves l'ont surnommée « le Haricot humain », un jeu de mots phonique avec son prénom (Norma Jeane, *the Human Bean*). Elle ne rétorque rien. Ce n'est pas si mal d'être la risée des autres. C'est mieux que d'être invisible.

Désormais, elle vit sur Nebraska Avenue, dans l'ouest de Los Angeles, chez une tante par alliance de Grace Goddard, Ana Lower, vieille fille de cinquante-huit ans, fervente adepte elle aussi de la secte évangélique de sœur Aimee Simple McPherson. Entre elle et l'enfant qui n'a jamais connu la tendresse, le contact est immédiat. Ana Lower se prend d'affection réelle pour Norma Jeane qui le lui rend bien. Pour la première fois, les yeux de quelqu'un se posent sur elle avec une douceur aimante, inédite. Une sensation chaude et suave, des bras qui l'entourent et la protègent. La fillette découvre le miracle d'une caresse. Temps de paix, de répit, accordés au sein d'une existence jusquelà violemment instable. Dans le duplex d'Ana Lower, Dieu est amour, tout est amour et le mal n'existe pas. Norma Jeane approuve, adhère totalement à ces préceptes. Ce qui depuis toujours a été écrasé en elle trouve enfin le chemin de la sortie. Elle rit, elle chante, elle aime tante Ana. Demeurent encore chez elle des restes d'enfance qui n'ont été broyés ni par la gravité, ni par le chagrin, ni par les doigts de « Mr Kimmel », des lambeaux d'innocence intacts. Peu importe les trois kilomètres qu'elle doit parcourir tous les jours, aller-retour, à pied, pour se rendre à l'Emerson Junior High School, tandis que ses camarades la dépassent en autobus. Norma Jeane, sautillante et toujours à l'heure, ne manque pas un jour de classe. Bien sûr, elle est timide, empotée. La peur de bégayer en public la condamne le plus souvent à ne pas prendre la parole. Et quand elle la prend, quand elle ose soudain sortir d'elle-même et attirer l'attention, elle raconte de telles énormités (« mon père, c'est Clark Gable » ; « je suis une descendante du président Monroe » ; « mon arrière-grand-père s'est tiré une balle dans la bouche ») que les autres se demandent si elle n'est pas un peu dérangée. Gentille, mais légèrement timbrée. Alors elle sourit. Avec ses cheveux frisottés bruns qui tirent vers le roux et sa sempiternelle tenue de pauvre. La plupart du temps, « le Haricot humain » est une élève si effacée qu'elle pourrait presque disparaître. Les regards ne s'attardent pas longtemps sur elle, comme s'ils ne la voyaient pas. La gamine fait pitié.

Et pourtant Norma Jeane voudrait qu'on la regarde, qu'on la remarque. Norma Jeane brûle d'être le centre d'intérêt de tout le monde. L'enfant trop longtemps fondue dans différents décors, élément parmi d'autres, sans identité ni place véritable, sent à présent au fond d'elle-même le besoin rageur d'être vue. Qu'on lui accorde de l'importance, de l'épaisseur. Norma Jeane réclame de la chair. Elle s'abandonne aux rêves qui font de la réalité un simple tremplin vers un ailleurs plus glorieux. La réalité de toute façon n'existe pas vraiment. C'est une production de l'esprit, comme le mal, tante Ana le lui a certifié. Norma Jeane s'imagine dans des lieux, par exemple l'église qu'elle fréquente avec Ana Lower le dimanche, emplie d'une foule nombreuse. Alors que retentissent les chœurs et les orgues, que sont entonnés de merveilleux cantiques, elle avance au milieu de tous, entièrement nue, pure et blanche, tandis que sur sa peau picote chacun des centaines de regards fixés sur elle.

Les professeurs trouvent que Norma Jeane est une élève agréable mais distraite, incapable de se concentrer, imaginative et songeuse. Car la fillette qu'ils ont devant eux, affalée sur son pupitre, les yeux bleus perdus dans le vague, n'est en fait pas là. Dans la salle de classe seule reste une enveloppe prête à être pulvérisée. Une chrysalide. Pour le moment, personne ne le sait, sauf elle. Elle qui, le soir, dans sa chambre, ôte tous ses vêtements pour se contempler dans sa glace. Elle qui a vu sortir avec effroi de son grand corps tout maigre autre chose, quelqu'un d'autre. Quelqu'un qui est elle et dans le même temps n'est pas elle.

Le soir, donc, une fois rentrée à la maison, le repas pris, la prière effectuée, un baiser posé sur le front de tante Ana qui lui a donné sa bénédiction, Norma Jeane grimpe dans sa chambre, à l'étage, se déshabille et examine pendant des heures ce corps qui s'empare d'elle. Elle ne s'en lasse pas. Au départ, elle osait à peine le toucher, comme s'il ne lui appartenait pas le moins du monde. Peu à peu, au fur et à mesure que se succédaient les soirs et les confrontations, elle a eu le sentiment qu'elle commençait à l'apprivoiser, du moins à s'habituer à lui. Mais pour l'heure, elle ignore ce que lui réserve cette nouveauté de courbes et de rondeurs dont elle seule connaît le secret. Elle se demande s'il s'agit d'un fardeau ou d'un atout. Elle a juste l'intuition qu'elle va pouvoir, grâce à cela, effacer le numéro 3463 de l'orphelinat et se révéler princesse aux yeux du monde. Comme dans les contes. Mais il ne s'agit que d'une intuition, et elle ne sait pas ce qu'elle doit faire. Est-ce bien de son ressort ?

Alors elle attend, replie et cache sous sa vieille jupe et son chemisier usé ses ailes de cygne qui ont commencé à pousser.

Anamorphose

Et un jour elle renaît. Ou elle naît enfin. Elle voit le jour, le jour la voit, elle apparaît dans la lumière comme une évidence et éblouit tout soudain sur son passage.

Un jour, à l'Emerson Junior High School, Norma Jeane s'aperçoit que son chemisier râpé est déchiré. Pour la dépanner, une camarade lui prête un sweater qu'elle avait par chance dans son sac. Honteuse, Norma Jeane se change rapidement dans les toilettes. Évidemment, le sweater est trop petit, car Norma Jeane est plus grande que les autres, c'est bien pour cela qu'on l'a surnommée le Haricot. Vite, elle regagne sa classe, étroitement moulée dans sa tenue de fortune. « Quand je suis allée m'asseoir à ma place, tout le monde m'a regardée comme si j'avais subitement grandi de deux têtes, ce qui était vrai, dans un sens[1]. » À la fin du cours, tous les garçons l'entourent et se chamaillent pour la raccompagner jusqu'à chez elle. Plus aucune autre fille n'existe. Il n'y a plus qu'elle, au centre de tout. Elle, interdite et tremblante, secrètement joyeuse.

Ce jour-là, quelqu'un est né en elle. Quelqu'un est mort aussi. Qui, du bébé étouffé sous un oreiller ou de l'enfant violé sous les yeux de sa mère, respirait encore en Norma Jeane ?

La « *Mmmmmmmmm Girl* »

Longtemps invisible aux yeux d'autrui, Norma Jeane perçoit instantanément la revanche sociale qu'elle peut prendre grâce à cette autre elle-même qui attire tous les regards. Peu à peu, elle découvre comment la convoquer au besoin et s'en servir au mieux. Elle apprend à se maquiller, troque définitivement sa vieille tenue d'écolière contre des vêtements ajustés qu'elle emprunte à des camarades de classe bien moins formées qu'elle, travaille sa démarche de façon à la rendre ondulante et ponctue toutes ses phrases d'un son de gorge aguicheur, *mmmmmmmmmmm*, qu'elle a piqué à Jean Harlow. Même son bégaiement devient une marque de fabrique. Bien entendu, c'est tout sauf naturel, outré, exagérément provocateur, pas loin du ridicule. Mais la sauce prend chaque fois. Chaque fois, l'effet est dévastateur : les conversations stoppent en un clin d'œil ; vers elle se tournent des visages, masculins et féminins, où se lisent des sentiments que pour l'heure l'adolescente n'identifie pas très bien encore mais qui convergent dans sa direction avec violence. Alors, pourquoi s'en priverait-elle ? Pourquoi se refuserait-elle ce triomphe sur un monde qui a tant cherché à la rayer de la carte ?

Norma Jeane exulte. On la regarde, on la siffle, on la montre du doigt. Récemment, quand elle a traversé la plage où elle était venue passer l'après-midi avec des amis dans un bikini trois fois trop petit, elle en a presque eu le vertige, tant le silence tout à coup s'est fait assourdissant autour d'elle, tant elle a réalisé combien son pouvoir est immense, bien plus qu'elle ne le mesure. Jusqu'où ira-t-il ? Les garçons, en tout cas, se disputent pour sortir avec elle, l'inviter au bal. Enfin, Norma Jeane a la sensation d'être vivante. Et ceux qui la prennent pour une petite dévergondée, une allumeuse éhontée, manipulatrice et sans scrupule, tombent dans le piège grossier qu'elle leur tend pour masquer tout le reste : détresse, solitude, sentiment d'abandon, brisure irréparable. Ils ne s'aventurent pas au-delà de l'armure de chair et de sourires qu'elle a dressée entre elle et le monde. Elle est ravie. Son appel au secours a bien été entendu.

Aux premières loges, Ana Lower a assisté à la transformation de sa protégée. Elle la laisse faire. La pauvre enfant a tant manqué d'amour, elle a l'air si heureuse maintenant qu'elle a des amis et qu'elle s'amuse un peu. Mais elle s'inquiète de ce changement car elle connaît la fragilité de Norma Jeane et n'est pas dupe de l'assurance qu'elle se donne. Elle voit les prétendants tournoyer comme des mouches autour de sa maison, surprend le regard des hommes sur les courbes de sa pupille. Et elle, elle sait ce que ce regard signifie. Elle a peur, d'autant plus que sa santé se dégrade. Bientôt, elle le craint, elle ne pourra plus garder Norma Jeane chez elle, la protéger, lui offrir un refuge. Que deviendra-t-elle ? Devra-t-elle retourner à l'orphelinat ? Norma Jeane n'a que treize ans, même si certains jours elle en paraît dix-huit. Tante Ana n'a pas tort de trembler. Ce qui est en train de se produire en Norma Jeane échappe en effet à tout contrôle, en premier lieu au sien. Une étonnante combinaison, puérile et sensuelle, douce et inflexible. Parfois intransigeante, Norma Jeane est sujette à des sautes d'humeur. Il lui arrive de se mettre en colère ou de faire un caprice comme une enfant de quatre ans. De ses cavaliers d'un soir, elle sait obtenir tout ce qu'elle veut. Eux, à l'inverse, comprennent rapidement qu'il leur faut rebrousser chemin. Au-delà d'une certaine limite, le corps de Norma Jeane ne se visite pas. Si quelques mains ont eu l'autorisation de s'aventurer un peu sur sa peau, elles n'ont rien pu soutirer d'autre. Norma Jeane dirige et manipule ses nouvelles armes avec une grande prudence. Peut-être se divertit-elle de l'émoi qu'elle produit chez les garçons qui la serrent de près ? Peut-être y est-elle parfaitement indifférente ? Peut-être ne sent-elle rien quand des doigts explorent ses territoires, sauf la grande, la très grande puissance qu'elle détient alors.

Au printemps 1941, Ana Lower est bien malgré elle contrainte de se séparer de la jeune fille. Elle souffre d'une maladie de cœur qui rend désormais la charge trop lourde à porter. Pour Norma Jeane qui va bientôt avoir quinze ans, c'est la catastrophe. Revivre encore le déchirement d'une séparation, un nouveau déracinement. Et pour aller où ? Sans famille d'accueil, elle est légalement tenue de réintégrer l'orphelinat jusqu'à ses dix-huit ans. Fort heureusement, Grace Goddard intervient. Pas question cette fois d'abandonner la fille de Gladys. Ils se serreront comme ils pourront, mais Norma Jeane aura une place dans leur maison d'Archwood Street, à Van Nuys. À son grand soulagement, Norma Jeane réintègre le foyer des Goddard. Doc a une fille du même âge qu'elle avec qui elle s'entend à merveille. Dans cette petite maison avec jardin, Norma Jeane se sent bien. Elle a posé ses affaires, s'est déniché une sœur, joue avec le chien, a retrouvé le piano blanc de sa mère, comme tous les meubles qui lui ont appartenu, désormais chez Grace. Le collège est un peu plus loin, mais qu'à cela ne tienne, Norma Jeane a de l'énergie à revendre, et ne manque pas de galants pour l'accompagner, auxquels d'ailleurs elle ne semble pas accorder beaucoup d'intérêt. Elle s'amuse, évalue sa séduction, découvre peu à peu un monde neuf où elle pressent qu'elle aura plus tard un rôle capital à jouer. Tout l'effleure sans la toucher. Elle s'est barricadée derrière un rempart de courbes et de moues suggestives. Chaque jour gagné contre l'orphelinat est une victoire.

Norma Jeane est prête à tout pour ne plus redevenir un numéro.

Pourtant, le bonheur, la sécurité semblent toujours vouloir lui échapper. Dès qu'une maison se construit autour d'elle, dès qu'elle est parvenue à y creuser sa place, les murs s'écroulent. C'est une règle infaillible. « Quelque chose » s'acharne à lui reprendre systématiquement ce qu'elle possède à peine. On la dirait condamnée à l'errance perpétuelle, à l'impossibilité de s'ancrer dans un port d'attache. Partir sans cesse. Être arrachée aux gens qu'elle aime et qui l'aiment. En janvier 1942, Doc Goddard accepte un poste sur la côte Est. Toute la famille se prépare à déménager. Toute ? Norma Jeane ne sera pas du voyage. Il n'y a pas de place, pas d'argent pour elle. Norma Jeane, comme un meuble embarrassant qu'on ne sait où placer. Elle n'est pas là depuis un an qu'il lui faut déjà plier bagage, empaqueter son pauvre barda et aller demander asile ailleurs. Où ? C'est bien le problème. Norma Jeane pleure. Elle ne veut pas retourner à l'orphelinat. Elle pleure parce qu'elle voudrait appartenir à quelqu'un, un peu plus que quelques mois, et ne plus être livrée à elle-même aussi sauvagement. Elle pleure et réclame de l'amour. Tout en elle est un appel à l'adoption.

C'est alors que Grace Goddard et Ana Lower ont la même idée : pour sauver Norma Jeane de l'orphelinat et, dans le même temps, se délester une fois pour toutes du fardeau, il existe une solution : la marier. Purement et simplement. Ainsi, elle passe légalement à la charge de son époux et tout le monde y trouve son compte, la conscience tranquille. Les deux femmes ont même un candidat. Elles ont expliqué la situation à la voisine des Goddard, Ethel Dougherty, dont le fils Jim, vingt ans, célibataire, travaille dans une usine du coin. Norma Jeane et lui s'entendent bien, sortent souvent ensemble. Il l'accompagne régulièrement au collège en voiture. Jim, visiblement, a un petit faible pour elle. Pourquoi ne l'épouserait-il pas ? Ethel Dougherty n'y voit pas d'objection. Norma Jeane est un joli brin de fille, douce et affectueuse. Et puis, c'est faire œuvre de charité. L'inconvénient, c'est son âge. La jeune fille, en effet, a seulement quinze ans et demi. La loi n'autorise pas le mariage avant seize ans. Que faire en attendant le prochain anniversaire de Norma Jeane en juin ? Les Goddard doivent partir. Puisqu'il ne s'agit que de quelques mois, tante Ana consent à reprendre la jeune fille chez elle, afin de lui permettre au moins d'achever son année scolaire et de la préparer à la vie conjugale.

Norma Jeane accepte sans hésiter la proposition qu'on lui soumet. Ce n'est pas qu'elle soit amoureuse de Jim. Mais il a, au regard de Norma Jeane, deux atouts considérables : de belles moustaches qui le vieillissent et lui font penser à l'homme de la photo vue un jour chez sa mère, censée représenter son père ; et cinq ans de plus qu'elle, ce qui, s'est-elle rendu compte, est une qualité qu'elle apprécie chez un homme. Qu'il soit plus âgé qu'elle, la protège, la couvre, la domine.

Comme un père. Norma Jeane est d'ailleurs assez claire sur ce point. Depuis qu'elle a Jim pour chevalier servant, elle l'a affublé d'un petit surnom : « Daddy ».

Jim Dougherty est un garçon au visage rieur, de taille moyenne, les cheveux châtains et les oreilles décollées. Des yeux tout petits, très bleus, comme enfoncés dans leurs orbites, la peau légèrement rougeoyante, vulnérable au soleil. Jim est plutôt trapu et musclé. On le prendrait aisément pour un Irlandais. Bien sûr qu'il a le béguin pour Norma Jeane, elle est tellement attachante. Désarmante aussi. La première fois qu'il l'a vue, il l'a prise pour une enfant. Une vraie gamine qui se roulait par terre dans le jardin des Goddard, avec leur chien, en gloussant comme une poule. Ça ne l'avait pas trop gêné de lui servir de chauffeur, à elle et à la fille de Doc Goddard. C'était plutôt flatteur. Deux petites pépés dans sa voiture, pour un ouvrier de nuit aux usines Lockeed, ce n'était pas si mal. Il avait fait des envieux. Seulement, quand il avait emmené Norma Jeane un soir au bal, il s'était frotté les yeux pour être certain qu'il ne rêvait pas. La gosse de l'Assistance, la pensionnaire de ses voisins, mal dégrossie, faisait des ravages. L'avait-il bien vue ? Il l'avait serrée dans ses bras et avait senti qu'elle n'était plus si enfant que cela. Soudain, elle avait eu l'air d'avoir cinq ans de plus. Ou plus exactement, d'être sans âge. Autour d'eux, tous les garçons rôdaient comme des loups. « C'était la première fois que je faisais

55

l'expérience de son sex-appeal sur un groupe important et je dois dire que j'étais abasourdi. Je veux même bien admettre que j'étais un peu jaloux... J'avais peur », confessera-t-il plus tard dans ses Mémoires[1]. Il avait pressé un peu plus Norma Jeane contre lui et, au retour, dans la voiture, il l'avait embrassée.

Elle lui plaît bien, Norma Jeane. Elle est si naïve, si ignorante. Avec une fille comme ça, Jim, qui ne sait pas grand-chose non plus, a l'illusion d'être un homme de valeur. Norma Jeane l'admire et l'interroge comme s'il était un puits de science. Auprès d'elle, il bombe le torse. Elle a une telle soif de savoir, pas facile de répondre à toutes ses questions. Il se débrouille comme il peut, ne s'en tire pas trop mal. Il a l'avantage de l'âge. Néanmoins, quand sa mère lui suggère de l'épouser, Jim est moins enthousiaste. Il n'a que vingt ans et voudrait encore s'amuser. Il voudrait aussi accomplir quelque chose, s'engager quelque part. Jim Dougherty a de vagues rêves d'héroïsme et n'a pas l'intention de fabriquer des bombardiers toute sa vie pour la guerre des autres. Loin, là-bas, en Europe, la bataille fait rage, les Anglais se battent contre le reste du monde. Il est de ceux qui sont pour une intervention américaine. Et il aimerait bien y participer. Alors prendre Norma Jeane pour femme ? Le moment est malvenu. Il aurait préféré attendre un peu.

« Si tu ne l'épouses pas, la pauvre petite retournera à l'orphelinat », le prévient sa mère.

Jim n'est pas un mauvais bougre. Après tout, il se voit bien dans une petite maison avec sa femme-enfant aux jolies nattes, toute mignonnette, qui lui sauterait au cou pour l'accueillir. Depuis plusieurs semaines qu'il serre le corps lascif de Norma Jeane contre lui sans pouvoir s'en emparer vraiment, il crève aussi de désir. Une jolie petite épouse avec ce qu'il faut là où il faut, la peau toute fraîche, de beaux seins bien ronds et l'envie d'apprendre, de tout apprendre. C'est quand même une occasion à saisir.

« Bon, d'accord », dit-il.

Mrs Dougherty

Le 19 juin 1942, Norma Jeane Mortensen, fille de Gladys Baker et née de père inconnu, n° 3463 à l'orphelinat de Los Angeles, devient « Mrs Jim Dougherty ». Changement d'état civil qu'elle accueille avec un soulagement de rescapée. Enfin, un lien a priori durable l'attache à quelqu'un. Enfin, on va arrêter de la transporter d'un endroit à un autre comme un objet sans valeur qu'on ne se résout pas à jeter. C'en est fini des familles d'un mois et des déracinements intempestifs. Désormais, elle est une femme mariée, une « Mrs ». Elle a seize ans depuis trois semaines.

La jeune épousée ne cesse d'embrasser son mari, de lui prodiguer maints gestes affectueux. On pourrait prendre cela pour de l'amour (et certainement parmi les vingt-cinq invités présents à la célébration beaucoup ont cette illusion). C'est surtout, et avant tout, de la gratitude. Norma Jeane est infiniment reconnaissante à Jim Dougherty de la prendre sous son aile. En d'autres termes : de l'adopter. Elle se croit arrivée à bon port, la douleur des éternels exilés résolument derrière. Elle rayonne. C'est Ana Lower qui lui a payé sa robe. Une robe simple, légèrement évasée et serrée à la taille, qui souligne sa très jolie poitrine, terminée par une encolure discrète, tout en déliés, et un collier. Un voile, tenu par une broche, est accroché à ses cheveux. Sur la photo en noir et blanc de l'événement, Norma Jeane est brune et frisottée, elle s'agrippe à un gros bouquet de fleurs blanches. Sur ses lèvres, ce sourire qui lui mange le visage, éclatant, dévastateur, celui qu'on retrouve sur tous les clichés de l'époque et qu'elle semble savoir faire surgir avec naturel devant un objectif. Ce jour-là, toutefois, il est un peu moins net, un peu plus timide. Norma Jeane éprouve l'appréhension nerveuse et l'excitation inquiète de la pucelle devant sa nuit de noces.

« Que dois-je faire ? a-t-elle demandé à tante Ana.

— Jim te montrera », a répondu celle-ci prudemment.

Peut-être revoit-elle un instant le visage avide de Mr. Kimmel quand il a glissé les mains sous sa petite robe. Elle sourit quand même. Elle ressemble à un bonbon, tout en sucre. À côté d'elle, Jim Dougherty sans moustache, en pantalon noir et veste blanche avec un petit nœud papillon, a l'air aussi jeune que sa femme. Ou bien c'est elle qui fait plus que son âge. Autour du nouveau couple, peu d'invités, et principalement du côté du marié. La mariée, elle, n'a personne, sauf Ana Lower qui l'a conduite à l'autel. Brave tante Ana que Norma Jeane presse contre son cœur. Il lui semble qu'elle lui doit tout. Un moment, le chagrin la rattrape : elle pense à sa malheureuse mère enfermée à l'asile, aux Goddard, à tante Grace notamment. Elle ressent son absence comme un deuxième abandon maternel, mais tâche vite de balayer ce sentiment. Grace a tout organisé avec la mère de Jim et tante Ana, elle, a payé les frais de la petite réception.

La mariée sourit et bégaie, elle s'appuie sur le bras ferme de son époux, pas peu fier quant à lui d'arborer une si jolie prise. Sur l'estrade, l'orchestre commence à jouer des morceaux entraînants. Çà et là, des voix encouragent Norma Jeane à danser. Danser ? Cette pauvre effarouchée, si peu dégourdie, avec ses manières gauches et son air un peu niais ? Norma Jeane ne se le fait pas dire deux fois. Elle grimpe sur l'estrade et s'abandonne au rythme. Alors, sous les yeux ébahis des invités de la noce, elle se révèle toute de sensualité façonnée, coulante de volupté. Sur l'estrade, la mariée est nue sans le savoir. Elle danse avec l'ingénuité de ses seize ans, ne s'aperçoit pas du malaise stupéfait qu'elle provoque chez Jim, de la prunelle enflammée des musiciens. Elle danse toute la soirée, toute la nuit. Increvable. Personne ne peut le lui interdire. C'est son mariage. Devant la scène, Jim Dougherty contemple celle qu'il vient de prendre pour femme, cette gosse en manque d'amour qui l'appelle « Daddy » et dont le corps (de femme, indéniablement) paraît possédé par le démon. D'aucuns lui souffleraient qu'il a une sacrée veine et qu'il ne va pas s'ennuyer à la maison. C'est une façon d'envisager l'avenir. Mais lui se dit aussi que c'est beaucoup de responsabilité qui lui tombe tout à coup sur le dos, et qu'il ne va pas être facile tous les jours de garder tout cela sous contrôle.

Jim ne se trompe guère. Très vite, il s'aperçoit qu'il y a chez Norma Jeane quelque chose d'insaisissable, d'insatiable surtout, qui lui échappera toujours. Très vite, il se rend compte que bien des côtés naïfs, enfantins et touchants de la jeune fille ne sont que les manifestations extérieures de son inaptitude au monde. Qu'elle achète une encyclopédie à tous les colporteurs qui sonnent à leur porte car elle a soif de culture et se sent ignorante, passe encore. Mais qu'elle fasse entrer dans leur salon une vache pour protéger celle-ci de la pluie, et parce qu'elle était toute seule au milieu des champs, est au fond plus pathétique que drôle. Et Jim ne peut rien lui dire, sinon elle fond en larmes ou se met dans une colère noire. Parfois c'est plus fort que lui et ils se disputent violemment. Ce n'est pas simple. Norma Jeane ne sait pas cuisiner, pas vraiment tenir une maison ni alimenter une conversation. Elle aime dormir, beaucoup dormir dans la journée (on dirait qu'elle a des années de sommeil en retard), et passer des heures interminables à choisir une robe quand il leur arrive de sortir le soir, ce qui met les nerfs de Jim à vif. Que peut-elle bien faire dans cette salle de bains, à se pomponner, à se bichonner, ce n'est pas croyable. Ça le rend fou. Lui, de toute façon, il la préfère sans maquillage. Bien sûr, il y a aussi de bons côtés. Trouver des petits mots d'amour de Norma Jeane, naïfs et touchants, le matin, près de son bol de café, faire l'amour avec elle à n'importe quelle heure, n'importe où, car elle aime ça, racontera-t-il, surtout dans des lieux saugrenus, en pleine nature, là où ils courent le plus grand risque d'être découverts, ou la regarder s'attendrir devant le miracle d'une pousse, d'un arbre, d'un animal. Ces jours-là, Jim se dit qu'il est un homme heureux, puissant. Il se sent aimé, adoré par une petite épouse charmante que beaucoup lui envient, qui n'a que lui et sera toujours redevable à son « Daddy » de ce qu'il a fait pour elle.

Et il y a les autres jours. Plus cassants. Menaçants. Quand il emmène Norma Jeane au bal et que tous les hommes viennent la lui arracher des bras pour danser avec elle, quand il l'entend rire toute la soirée contre le corps des autres, quand elle s'effondre, brutalement, à la maison, parce qu'il a eu le malheur de lui faire une remarque sur la poussière qui s'amoncelle ou sur les petits pois-carottes qu'elle lui a resservis quatre fois en trois jours. Quand elle pleure sans raison ou qu'elle regarde au loin en silence comme si elle voulait partir. Quand elle s'absente de son corps. Quand elle s'accroche à lui comme une enfant un premier jour d'école, serre ses petits bras autour de son cou en le suppliant de ne jamais l'abandonner, quand elle lui crie qu'elle mourrait sans lui. Quand elle se métamorphose sous ses propres yeux en bombe sexuelle. Ces jours-là, c'est vrai,

Jim Dougherty n'est plus très sûr d'avoir écopé du billet gagnant à la loterie. Il a beau être très amoureux de Norma Jeane (de plus en plus car il a peur), elle l'effraie terriblement. Il n'ignore pas ses antécédents. Sa mère, Ethel, lui a pourtant assuré qu'il n'y avait rien à craindre, mais il en doute. La perspective d'une vie paisible aux côtés d'une petite épouse tranquille s'éloigne. Norma Jeane est extrêmement changeante. Il ne sait jamais comment il va la retrouver deux heures après l'avoir quittée. Toute douceur ou fureur. Un mot anodin peut déclencher la foudre, inexplicablement. À ce stade-là, ce n'est plus de la susceptibilité. À l'inverse, elle courra aussi bien se blottir dans ses bras cinq minutes plus tard. C'est préoccupant. Et pour un jeune homme de vingt-deux ans, lourd, très lourd à porter.

Jim Dougherty se pose des questions. Il s'en pose même beaucoup, sur le comportement de Norma Jeane avec ses petites robes au ras des cuisses, ses décolletés avantageux, sur le sien quand les hommes sifflent sa femme devant lui et qu'il est forcé de sourire avec fierté alors que tout pleure et souffre en lui. Lui, c'est la petite fille abandonnée qu'il aime et qu'il a épousée. Celle qui bégayait timidement dans sa voiture et le regardait de ses grands yeux bleus émus. L'autre, celle qui roule des hanches et jette des regards par en dessous, il en est moins fou. Elle le dépasse trop, s'étend au-delà de ses limites. Il n'est pas à la hauteur. Alors il pourrait sortir de ses gonds et tout casser. Il pourrait hausser le ton un bon coup, jouer à l'homme et faire rentrer sa femme au bercail, taper du poing sur la table, montrer qui est le maître. Mais il ne le fait pas. Ce n'est pas son genre. Il sent aussi surtout que ce serait parfaitement inutile. Il y a chez Norma Jeane quelque chose, ou quelqu'un, d'impossible à maîtriser. Il ne peut pas lutter.

Donc il lâche prise.

Six mois après leur mariage, Jim Dougherty annonce à son épouse qu'il s'est engagé dans la marine. Il veut aller faire la guerre. Il a honte d'être là où il est, explique-t-il, bien à l'abri dans son usine quand des gars de son âge se battent en vrai et risquent leur peau pour en défendre d'autres. Il a pris sa décision, elle est définitive.

Le jeune homme a beau s'être préparé à la réaction de Norma Jeane, celle-ci dépasse de loin tout ce qu'il redoutait. Comment l'orpheline pourrait-elle accepter ce qu'elle perçoit évidemment comme un lâchage ? Comment survivrait-elle à cet énième abandon, à ce qui s'est toujours répété jusque-là dans sa vie et qu'elle a dû subir en silence ? Elle ne le peut pas. Elle hurle et supplie, menace et promet. Elle fera des efforts monstrueux pour être une bonne maîtresse de maison. La meilleure. Elle veut être digne de lui, de son amour. Il ne doit pas partir, il faut qu'il s'occupe d'elle. Un « Daddy » ne laisse pas sa « Baby » toute seule. Tant et si bien que Jim Dougherty renonce à s'enrôler et retourne fabriquer des bombardiers chez Lockeed. Bien entendu, les problèmes ne sont pas réglés et les retrouvailles des corps masquent seulement pendant quelques minutes le fossé qui sépare chaque jour davantage les deux jeunes gens. Jim s'aperçoit de ses difficultés croissantes à cerner la personnalité de Norma Jeane, tantôt introvertie à l'extrême, tantôt effroyablement débridée. En lui le conflit fait rage, le déchirement s'accentue entre sa volonté de la protéger, de la secourir, et cette voix intérieure qui le pousse à la laisser tomber au plus vite — question de survie. L'enjeu vaut-il le sacrifice ? Pourquoi devrait-il se contenter d'être ouvrier alors qu'il a tant de possibilités devant lui ? Va-t-il longtemps se laisser mener ainsi à la baguette par une jeune femme qui n'est même pas majeure ? Quelque temps plus tard, il récidive et annonce cette fois qu'il va devenir pompier. L'idée de combattre le feu lui plaît bien. C'est une bonne façon d'assouvir son goût pour la bataille. Il s'est embrigadé dans la caserne du coin. Il sera là, tout près d'elle. Sauf, ajoute-t-il avec ménagement, quand il y aura des missions qui l'obligeront à rester dehors plusieurs jours et nuits de suite. Mais ce sera rare, qu'elle ne s'inquiète pas.

Non seulement Norma Jeane s'inquiète, mais s'oppose à la décision de son mari. Avec une violence qui laisse le pauvre Jim sur le flanc. Sans doute sont-ils assez lucides l'un et l'autre pour se rendre compte du désastre. La scène qu'elle vient de lui faire les a anéantis tous les deux. Jim se trouve totalement démuni, n'a plus la force de l'acharnement, prendrait volontiers ses jambes à son cou. Quant à elle, elle sent qu'elle s'enfonce dans la peur de soi et l'inconnue qui lui fait mal-gré elle saccager ce qu'elle a ardemment voulu. La voilà redevenue une enfant en larmes devant le jouet qu'elle a désiré et qui gît cassé dans un accès de rage plus fort qu'elle. Elle comprend qu'elle agit parfois contre son intérêt, comme si elle cher-chait à se faire mal, à se punir de quelque chose. Du droit au bonheur, peut-être. Elle comprend qu'elle est en train d'éloigner Jim d'elle, Jim, sa sé-curité, sa famille, alors que tout ce qu'elle souhaite au monde, c'est vivre à ses côtés dans leur petite maison de Van Nuys. Mais est-ce vraiment tout ce que désire Norma Jeane ?

La jeune fille, qui a compris qu'un sweater moulant faisait se retourner dans la rue tous les regards sur sa poitrine et qui se débrouille pour mettre en valeur ses fesses généreuses qu'elle com-presse dans des jupes étroites ou des pantalons serrés, a-t-elle réellement l'intention de passer sa vie dans un petit pavillon de la banlieue de Los Angeles, à faire le ménage et à préparer à manger pour son manœuvre de mari ? Ne se souvient-elle pas de la promesse faite à sa mère et à tante Grace qu'elle serait, un jour, une grande actrice de ci-néma ? Que tous les hommes sans exception se-raient fous d'elle ? Ou préfère-t-elle oublier le délire des deux anciennes monteuses de la RKO et le laisser juste resurgir un instant, quand on siffle ses jambes et qu'on fait mine de défaillir sur son passage ? Sans doute Norma Jeane est-elle tiraillée elle aussi entre deux pôles opposés. Sans doute, la plupart du temps, aspire-t-elle sincèrement à être une bonne épouse pour Jim, se prêtant de bonne grâce au devoir conjugal accompli sans fantaisie et avec plus de curiosité que de plaisir. Seulement, il y a l'autre tapie en elle, grondante, revendicative, ambitieuse, revancharde, prête à éclore à tout moment. Et celle-là s'ennuie comme un rat dans cette petite vie étriquée et monotone. Difficile de l'assujettir.

Jim Dougherty résilie sa candidature chez les sapeurs locaux et retourne fabriquer des bombardiers.

Répit de courte durée. Au printemps 1943, moins d'un an après leur mariage, le jeune homme prend son courage à deux mains et sa plus grosse voix pour déclarer qu'il rejoint la marine marchande. Cette fois, c'est une débandade dans les règles, un sauve-qui-peut qui cache à peine son nom. Norma Jeane sait qu'elle a perdu. Hystérique, elle hurle et se roule par terre, se cramponne à son mari de la même façon qu'elle l'avait fait avec Grace Goddard le jour où celle-ci l'avait conduite à l'orphelinat.

« Si tu t'en vas, alors fais-moi un enfant. Laisse-moi quelque chose de toi en moi. S'il t'arrive malheur, au moins, il me restera un petit être de toi. À moi, rien qu'à moi. Je t'en supplie, donne-moi un enfant, Daddy, donne-moi un enfant. »

Dans l'esprit de Norma Jeane, tout s'embrouille. Elle confond marine marchande et marine tout court, croit que Jim s'en va faire la guerre, guerre dont elle ignore d'ailleurs et le nom des protagonistes et les enjeux. Elle pleure et bafouille, couvre Jim de baisers frénétiques. Mais celui-ci tient bon. Pas question qu'il renonce à nouveau, son besoin de prendre l'air et d'échapper à l'étau étouffant de sa femme est le plus fort. Toutefois, il est exclu qu'elle reste seule à la maison. Non seulement parce que Norma Jeane est incapable de se prendre en charge, mais aussi parce que ce serait pure folie : la jeune fille est trop naïve, trop distraite, trop confiante, trop affriolante, trop belle. Même s'il pressent qu'elle lui échappera tôt ou tard, Jim garde encore un fond de jalousie possessive en lui, et estime avoir des obligations à l'égard de sa femme. Peut-être aussi espère-t-il tout de même la récupérer un jour, quand ils auront grandi tous deux. Ils sont si jeunes. Il confie donc sa petite épouse à sa mère, Ethel, qui la recueille chez elle. Quant à l'idée d'avoir un bébé, c'est totalement hors de question. Norma Jeane est une enfant, sans parler de ses antécédents familiaux. Jim Dougherty ne cède pas et résiste à la tentation, au violent désir de Norma Jeane de l'attacher à elle.

En août, il plie bagage et rejoint la base d'Avalon, sur l'île de Catalina, Californie. Norma Jeane a sangloté toute la nuit en vain. Elle est seule, à nouveau. Personne, décidément, ne semble vouloir d'elle.

Un mois plus tard, Jim se décide à une ultime tentative pour sauver son mariage. En septembre, il propose à Norma Jeane de venir le rejoindre à Avalon où il dispose d'un petit appartement agréa-

ble et d'horaires fixes. Au fond, Jim est un tanti-
net candide lui aussi, pour ne pas dire stupide. Un
nouvel environnement, l'air de la mer et, pour lui,
une activité plus excitante que la manutention à
l'usine (il est devenu professeur de sport), lui font
croire que tout espoir est permis, que Norma
Jeane et lui vont enfin parvenir à vivre ensemble,
unis, complices, heureux. Le fait que la population de l'île de Catalina soit quasi exclusivement
masculine, militaire et totalement sevrée, que les
seules femmes présentes soient insignifiantes ou
très âgées et que la sienne, bien qu'encore une enfant, soit « carrossée comme une berline de luxe »
ne semble pas l'affoler outre mesure. Étrange.
Aveuglement benêt ou travail de sape plus ou
moins inconscient ? Comment Jim Dougherty ne
s'aperçoit-il pas qu'il jette Norma Jeane dans la
gueule du loup ? Folle de joie, celle-ci débarque
aussitôt, guillerette, avec ses petites tenues cin-
trées, ses nichons agressifs et son cul ondoyant.
Le résultat ne se fait pas attendre : en un rien de
temps, Avalon est en émoi, dans une agitation
proche de la panique. Les marins s'empressent
autour de Norma Jeane Dougherty qui commence
à percevoir la dimension exceptionnelle de sa séduction. Dans le regard des autres, des hommes
tout particulièrement, elle existe. Du moins, une
femme en elle existe, terriblement attirante et im-
périeuse. Qu'on la désire revient à lui donner une
identité, efface la blessure du numéro de l'orphelinat. Qu'on bande pour elle est une marque de reconnaissance. Un baptême.

Pour Jim, c'en est trop. En décembre, il s'embarque pour une mission d'un an en mer. La marine marchande, prétend-il à Norma Jeane, a fait appel à lui. Il ne peut refuser. En réalité, mais elle ne le saura jamais, c'est lui qui a demandé à être du voyage.

Mr Dougherty a tiré sa révérence.

Port de la salopette obligatoire

1943, bientôt Noël. Un an et demi seulement a passé depuis leur mariage et Jim l'a abandonnée. Norma Jeane ne comprend pas, ne l'admet pas. Ce n'est pas de l'orgueil (elle n'est pas très sûre d'en avoir beaucoup, de toute façon), juste de la révolte, une révolte sourde. Et de la rancune. Elle sait que Jim et elle ne se retrouveront pas, que ce départ d'un an est un départ tout court. Du moins pour elle. Peut-être Jim en est-il moins certain et croit-il qu'elle va l'attendre bien gentiment, bien passivement, en comptant les jours et en lui écrivant des lettres d'amour éperdues. Peut-être croit-il aux vertus curatives du temps et non à sa puissance séparatrice. C'est son affaire. Pour Norma Jeane, c'est terminé, même si elle ne le formule pas encore ainsi et qu'il lui est difficile de regarder en avant, car pour l'heure elle n'y voit pas grand-chose. Mais ça viendra. Un jour quelque chose se produira, une lumière percera à l'horizon. Il ne peut en être autrement. Norma Jeane le devine, l'exige : un jour, elle mettra la main sur la pièce manquante du puzzle et éclairera l'ensemble. Alors tout fera sens, des heures passées devant le miroir à tenter de percer l'énigme de son corps, des manques d'amour aux cruelles espérances.

En attendant, elle prend les journées comme elles viennent, les unes après les autres, se pelotonne sous les courbes de sa peau qui frémit et piaille d'impatience, se tapit dans un coin, fait le moins de bruit possible (ce n'est pas compliqué, elle a l'habitude). Depuis que Jim est parti, elle s'entend de moins en moins bien avec la mère de celui-ci qui l'estime responsable de sa fuite et trouve qu'elle a mauvais genre. Norma Jeane ne voudrait pas être jetée dehors, être placée ailleurs. C'est pourquoi, au terme de quelques semaines désœuvrées dans la maison des Dougherty à Van Nuys passées essentiellement à contempler le potentiel inexploité de ses charmes, elle se résout à chercher du travail. Elle aura dix-huit ans en juin, c'est une belle fille, saine et bien formée, qui brûle de sortir de l'anonymat. Norma Jeane veut être célèbre. Mais comment faire ? Elle est à peu près inapte à tout. Maladroite, bègue, sans culture aucune, si elle s'est enseigné elle-même l'art de tortiller des fesses, elle n'a pas encore appris en revanche à se départir de cet air godiche qui ternit son éclat et la fait passer souvent pour une gourde. Heureusement pour elle, les États-Unis sont en guerre. Les usines d'armement tournent à fond et recrutent sans cesse de la main-d'œuvre. Les femmes ont été mises à contribution. C'est une aubaine pour Norma Jeane qui est embauchée à la Radioplane. Là, au milieu de centaines de jeunes femmes, Mrs Dougherty va consacrer dix heures de ses journées, pendant des mois, à plier des parachutes.

Elle aurait pu en rester là. Elle aurait pu rester à son poste, dans la poussière et la sueur, certes un peu plus jolie que la moyenne, mais ouvrière parmi tant d'autres. D'ailleurs, des jolies filles, ce n'était pas ce qui manquait en Californie en 1944. Même dans les usines. Elle aurait accompli son travail avec bonne humeur, parce qu'alors elle était encore plutôt conciliante et bonne pâte, serait sortie en fin de semaine avec quelques collègues boire un verre, serait allée se trémousser dans un dancing, aurait sans doute fini par céder aux avances d'un joli cœur local et se serait engouffrée presque sans s'en rendre compte dans la torpeur anesthésiante d'un banal adultère. Tout cela malgré son ambition et son violent désir de revanche sociale. Parce qu'il n'y avait aucune raison pour que quelqu'un vienne sortir de son trou une bègue à moitié analphabète et cyclothymique, fût-elle terriblement sexy et à ses heures intrépide. Son futur immédiat était tout tracé, inévitable. Norma Jeane Dougherty pouvait tranquillement se regarder le nombril pendant des heures dans la psyché de sa chambre le soir.

Tout aurait pu se passer ainsi, sans ce fichu règlement intérieur stipulant que les ouvrières devaient impérativement porter une salopette dans l'enceinte des usines. Car lorsque Norma Jeane porte une salopette, c'est comme si elle n'avait rien sur le dos. La toile de jean qui lui colle au corps et lui enserre la taille fait saillir ses fesses et ses seins à outrance. On ne voit plus que cela. Un œil étranger à l'usine, quelqu'un qui ne serait pas abruti par le ronron des machines et celui des gestes répétés, un regard neuf et vif repérerait en une seconde LA fille qui, l'air de ne pas y toucher, semble toute nue au milieu des autres.

Ce regard existe.

David Conover travaille pour les studios Fort Roach qui, depuis l'entrée en guerre des États-Unis, produisent des films d'information propagandistes, destinés à convaincre le public du bien-fondé de l'engagement américain dans le deuxième conflit mondial et de la victoire imminente. David Conover est photographe. On l'a chargé de faire des clichés de femmes dans les fabriques d'armement. Dès qu'il entre à la Radioplane, il remarque immédiatement la jeune fille. Son regard est attiré vers ce point brillant, là-bas, dans le gris alentour, un éclat hors du commun. C'est Norma Jeane, pauvre fille de dix-huit ans, bien roulée, un peu cruche, qui va devenir la femme la plus désirée et la plus célèbre du monde. David Conover le flaire-t-il ? Pas vraiment. Cependant il renifle l'autre fille, celle à peine voilée par la crasse noirâtre qui lui couvre le visage et ne demande qu'à sortir, à échapper à la ternissure et à l'ennui ambiants. En bon professionnel, il a du mal à en croire ses yeux, à comprendre ce qu'une jeune femme aussi lumineuse peut bien faire dans un endroit pareil au lieu de se promener dans les couloirs d'une agence de mannequins où elle gagnerait en une séance de photos l'équivalent d'un mois à l'usine. David Conover est marié, bien fait de sa personne et caporal-chef. Il souffre légèrement de bégaiement. Nous sommes en octobre 1944. Le photographe de Fort Roach se dirige sans hésiter vers la petite épouse délaissée de Jim Dougherty et lui demande en bafouillant la permission de la photographier.

« Mmmm... Moi ? »

Norma Jeane accepte de bonne grâce.

L'objectif ne l'effraie pas le moins du monde. Elle n'est pas sûre d'elle pour un sou mais donne exactement l'impression contraire. On dirait qu'elle a fait ça toute sa vie, tout avouer, tout livrer dans un sourire (d'ailleurs elle a fait ça toute sa vie). Elle a beau s'être beaucoup entraînée le soir dans sa chambre depuis quelques années, ce n'est pas pareil, là c'est pour de vrai, avec un homme qui la scrute sous toutes les coutures et qu'elle ne connaît pas, devant qui elle essaie les poses les plus diverses. Rien ne la retient ni ne la paralyse, qu'en-dira-t-on ou code de bonne conduite. Elle pourrait paraître d'une impudeur éhontée et pourtant si vulnérable et si douce, si fraîche, si innocente qu'elle n'est pas méprisable, haïssable, en dépit de ses airs affriolants, adorable, juste adorable. L'éternelle abandonnée, l'orpheline ballottée d'un toit à l'autre qui voulait qu'on la regarde, a rencontré quelque chose qui se fixe sur elle, rien que sur elle, et ne la quitte plus. Quelque chose qui la caresse, lui sourit, la flatte, lui confère de l'importance, lui affirme qu'elle existe, que sa peau est étonnamment brillante et communicative. Quelque chose qui voit à travers elle. Un appareil photo. Norma Jeane lui offre tout ce qu'elle a.

Et derrière, il y a un homme, stupéfait par sa découverte et par le résultat, sensationnel, au-delà de ses prévisions les plus folles, sur les clichés. Un homme de chair et d'os, bouleversé par la beauté ingénue et diabolique de son modèle. Consterné par le gaspillage d'un tel trésor.

« Vous savez, votre place n'est pas ici, elle est à la une des magazines. »

Norma Jeane lui décoche le plus reconnaissant des sourires. Enfin quelqu'un qui sait, comme elle, qu'elle vaut bien plus que cinq dollars la semaine. Elle lui sourit avec reconnaissance. Et elle lui offre tout ce qu'elle a.

Peu de temps après, Norma Jeane se rend sur la côte Est. Soudain, elle a été prise d'un furieux besoin de revoir Grace Goddard, de se faire dorloter par elle, conseiller peut-être. Quelque chose vient de se rompre dans sa vie, la jeune fille a conscience de l'imminence d'une cassure, elle se trouve désormais au bord d'un précipice et hésite encore à faire le grand plongeon. Elle est faite pour ce métier, lui a répété David Conover, tellement photogénique que c'en est indécent, faite pour être sous les flashs, pas pour perdre son temps et flétrir sa beauté dans une usine. À d'autres la soumission. Qu'elle se révolte et choisisse elle-même la vie qu'elle veut avoir.

« Tu dois aller t'inscrire dans une agence de modèles », insiste Conover.

C'est très flatteur. Plus d'une aurait la tête qui tourne, se prendrait déjà pour May West, se verrait en haut de l'affiche. Norma Jeane, elle, oscille. Elle en meurt d'envie et pourtant elle balance. Des modèles qui veulent faire du cinéma, il y en a des milliers, c'est la jungle, la loi du plus fort. Si elle décide d'y aller, elle sera toute seule, personne pour l'épauler et lui redonner confiance lors des coups durs. Surtout, si elle saute le pas, adieu Jimmy « Daddy » Dougherty et tout ce qui va avec. Dans cette aventure, en effet, Jim ne la suivra pas. Du reste, elle ne le lui demanderait pas, ne le lui infligerait pas. Il y a trop d'érotisme, trop d'appels à la sensualité dans sa façon de s'abandonner à l'objectif. Norma Jeane ne discerne pas très bien la frontière entre le jeu et l'offrande, entre le mensonge et l'aveu. Ne se sent-elle pas plus sûre d'elle, plus vivante, uniquement quand un homme la désire ?

David Conover a raconté qu'à cette période Norma Jeane et lui ont eu une brève liaison[*]. Au fond du précipice, une nouvelle existence se des-

[*] Nombreux sont les hommes qui ont prétendu avoir été amants de Norma Jeane/Marilyn Monroe, à toutes les époques de sa vie. Une liste nominative — invérifiable de toute façon — n'a pas, finalement, grand intérêt. C'est le « catalogue » qui fait sens, le désir toujours inassouvi de conquête bien plus que la consommation d'un plaisir, par ailleurs très discutable dans le cas de Norma Jeane dont la plupart des partenaires supposés ont tout de même confessé qu'elle n'en éprouvait pas. Mais on est tenté de croire Conover, débarqué au bon endroit au bon moment, face à une épouse bafouée, une jeune femme déçue, démunie, incapable de résister à l'excitation qu'elle fait naître chez l'autre, de résister à sa propre séduction et d'en assumer les conséquences. Ce n'est qu'un début. Il en sera toujours ainsi.

sine, pleine d'incertitudes et d'embûches, de merveilles aussi. Seulement il faut s'élancer. Norma Jeane, peut-être, a peur de la liberté. Entre les chaînes rassurantes de la servitude et l'incertitude de l'envol, elle pèse le pour et le contre. Elle pense qu'elle a le choix, qu'il est en son pouvoir, encore, de décider. Elle ne se rend pas compte qu'elle a déjà commencé à chuter. Avec l'argent qu'elle vient de gagner, elle s'offre sa première traversée des États-Unis, son premier vrai voyage (jusque-là elle n'a jamais quitté la Californie). Tout d'abord Chicago où tante Grace s'est réfugiée, seule, pour fuir l'alcoolisme ravageur et contagieux de son Doc de mari. Norma Jeane lui raconte la désertion de Jim et son ressentiment, sa vie à l'usine, de plus en plus difficile avec tous ces gars qui lui tournent autour et la jalousie croissante des autres filles ; sa rencontre avec David Conover — strictement professionnelle, précise-t-elle — qui lui a proposé d'autres séances de travail dans son studio de Sunset Boulevard ; son embarras parce que Jim rentrera bientôt pour Noël et qu'il sera contrarié par cette histoire de photos. Elle ne sait pas trop, avoue-t-elle à Grace, ce qu'elle doit faire. Se laisser attirer par le miroir aux alouettes ou retourner aux parachutes. Si elle avait une mère, c'est vers elle qu'elle irait chercher refuge, mais impossible de compter sur Gladys, enfouie dans son monde de spectres. Une mère défaillante, une mère inapte, n'est-ce pas pire, au fond, que pas de mère du tout ? Si elle avait un père, elle lui demanderait peut-être de l'empêcher de basculer.

N'a-t-elle pas un père ? N'a-t-elle pas vu sa photo un jour, il y a longtemps, quand elle était aussi petite qu'une souris, dans l'appartement de Gladys à Hollywood, un homme brun avec de grosses moustaches comme Clark Gable ?

« Cette photo-là ? » demande Grace en lui tendant un vieux cliché jauni.

Cette photo-là. Norma Jeane repart avec. Un père fantôme, un père fantasme, c'est toujours mieux que rien. Si elle avait une sœur... Justement, elle en a une qu'elle ne connaît pas, la première fille de sa mère, Berneice, qui a sept ans de plus qu'elle et vit à Detroit, mariée, des enfants. Norma Jeane s'engouffre dans le premier train pour Detroit et se jette dans les bras de sa demi-sœur. Si elle avait un frère. Raconte-moi, raconte-moi, Berneice, comment était Jackie. Parle-moi de lui. Un frère mort, c'est tout de même quelque chose.

Bientôt Norma Jeane retourne à Van Nuys reprendre sa tâche à la Radioplane. Au bord du gouffre, elle a reculé, a écrasé l'autre femme, celle qui prétend avoir des ailes. Elle demande juste qu'on l'aime et qu'on l'abrite. Dans l'instant. C'est pourquoi elle se précipite dans les premiers bras qui esquissent quelque geste tendre envers elle. Une caresse n'attend pas.

Pour le reste, elle n'est plus sûre de rien.

Dernière escale
avant embarquement

À Noël 1944, Jim revient. Norma Jeane s'est mise en quatre pour l'accueillir. Lingerie fine et chambre d'hôtel, elle n'a pas lésiné sur les moyens, d'autant plus qu'elle a empoché un peu d'argent grâce aux photos de Conover et qu'il lui brûle les doigts. Plus exactement, il la dérange, la culpabilise sans doute, l'encombre sûrement. Elle méprise et sa valeur et le pouvoir qu'il octroie. L'argent est fait pour être dépensé sans tarder. Épargner, c'est repousser sans cesse le moment de vivre, et Norma Jeane estime qu'elle a déjà trop attendu. Jim est revenu. Norma Jeane joue la petite épouse languissante, la Pénélope de Californie à l'ouvrage inachevé qui n'a vécu depuis un an que pour son marin de mari. Dans ses identités multiples, elle est allée puiser le masque nécessaire à sa confection. Celui de femme de Jim existe encore. Norma Jeane l'enfile et reprend sa place sur la scène de la vie conjugale. Courte pause dans le cours de son quotidien qui s'est accéléré depuis quelque temps comme elle le sent, le souhaite, ce qui l'excite et l'affole.

Norma Jeane fait-elle part à son époux de son désir de devenir mannequin ? Comment évoque-t-elle ses séances photos avec David Conover ? Lui raconte-t-elle l'ambiance désagréable qui l'entoure désormais à l'usine où les autres filles tolèrent de moins à moins que les hommes n'aient d'yeux que pour elle, au point qu'on parle de la changer de service ? Norma Jeane espère-t-elle retrouver en Jim un allié qui la retienne vers lui, à lui, et l'empêche de partir à la dérive, la maintienne dans ce statut d'épouse étouffant et protecteur à la fois ? Si tel est le cas, c'est raté. Jim Dougherty n'est sans doute pas mécontent de redevenir pendant quelques jours le maître du corps de sa femme, du moins de le croire, mais il est seulement de passage. Si Norma Jeane a pensé qu'il revenait pour de bon, alors il s'agit d'un malentendu. Entre eux, ce ne serait pas le premier. Le jeune homme n'a aucune envie de rentrer tout de suite au bercail. L'ancienne orpheline est certes toujours gironde à croquer, il n'est pas désagréable de poser ses mains sur elle, mais semble demeurer toujours en elle, et plus que jamais, cet abîme insondable où l'on a peur de verser à son tour. Passé les premières étreintes et les heures à se recompter fleurette, les deux époux s'enfoncent, chacun de leur côté, dans la solitude et l'incompréhension.

Norma Jeane, que tenaille de façon de plus en plus pressante le besoin d'avoir un père depuis qu'elle a récupéré la prétendue photo du sien chez Grace, aurait alors tenté de joindre par téléphone le fameux Stan Gifford, supposé être son géniteur

biologique. Apparemment (si l'on donne foi au té-
moignage de Dougherty[1]), l'autre l'aurait rejetée
sans ménagement. Gifford était-il le vrai père de
Norma Jeane ? Le savait-il ? S'en fichait-il royale-
ment ? Nul doute que la question obsède Norma
Jeane (de nombreux témoignages concordent dans
ce sens) et qu'elle est chez elle blessure sans cesse
rouverte et vexation répétée. Mais la vérité dans
tout cela ? La part de mystification et de légende ?
Gifford a-t-il vraiment refusé de lui parler ? L'a-
t-elle réellement contacté ?

Bientôt, Jim déserte à son tour la place. Norma
Jeane est seule à nouveau, rejetée de tous. Sauf de
David Conover. Une fois le mari reparti, le photographe, qui s'était discrètement éclipsé pendant les
« fêtes », reçoit en effet à bras ouverts la petite
ouvrière en détresse et salopette dont les larmes
sont intarissables et le minois si désarmant. Si les
deux jeunes gens n'étaient pas encore amants,
ils le deviennent très probablement au printemps
1945, au cours duquel Conover, sous prétexte de
la photographier, conduit Norma Jeane en rase
campagne, loin de Van Nuys, et partage avec elle
des chambres de motel, par souci d'économie, dit-
il. On imagine sans peine la tête d'Ethel Dougherty devant le comportement de sa bru, et celle
des filles de la Radioplane, jalouses comme des ti-
gresses de la beauté insouciante de Norma Jeane
qui va et vient, enchaîne les arrêts maladie pour
justifier ses absences à répétition, et s'amuse des
langues pendantes des ouvriers sur son passage.

Tant et si bien qu'on la change d'atelier. Le lynchage était imminent.

En juin, c'est Conover qui part aux Philippines. A-t-il cherché lui aussi à déguerpir au bout du monde ? Le doute reste entier. Est-ce un hasard si tous les êtres auxquels s'agrippe Norma Jeane lui filent entre les doigts les uns après les autres ? Elle est si molle, si hésitante. À la fois déterminée et indécise, fluctuante. Elle voudrait devenir modèle, répète-t-elle, et plus encore, actrice. Pourquoi alors ne s'empresse-t-elle pas de courir à l'agence que lui a indiquée Conover et où il a déjà maintes fois parlé d'elle à la directrice ? Qu'attend-elle ? C'est comme si quelque chose la paralysait. Ou quelqu'un. Quelque chose ou quelqu'un qui la retient toujours dans la vie étriquée et vide de Van Nuys où elle s'ennuie à mourir, mais elle semble préférer cet ennui qu'elle accepte comme une rédemption, le prix à payer de ses péchés d'enfant, à la possibilité d'un ailleurs. Tant son sentiment de culpabilité est fort. Tant elle est empêtrée dans l'encombrant poids du passé. Alors, a-t-elle raconté plus tard, elle allait passer ses dimanches à la gare de Van Nuys pour se noyer dans les histoires des autres, s'inviter en pensée dans des familles inconnues, le temps d'un sourire, se faire adopter en imagination par ces gens heureux qui sortaient des trains ou s'y engouffraient avec une voracité bruyante. Elle aimait sentir cette foule qui l'entourait, l'avalait, attendre l'improbable retour de quelqu'un. Le dimanche, par procuration, Norma Jeane Dougherty venait à la gare de Van

Nuys vivre d'autres vies et rater immanquablement des trains en partance, toutes destinations confondues.

Pourtant, il devait bien y en avoir une pour elle.

Pendant l'été 1945, enfin, elle se résolut. La guerre se terminait, ce qui signifiait un retour « à la normale ». C'est-à-dire, pour Norma Jeane, la fin de son travail de manutentionnaire à la Radioplane, un arrêt brutal à son début d'indépendance financière, le quotidien avec Jim qui finirait peut-être par revenir pour de bon, tôt ou tard, la reprise des virées désœuvrées du samedi soir, en couple, dans les bals sinistres du coin. L'interruption, dans tous les cas, ferme et définitive, de ses projets les plus ambitieux, d'autant qu'elle ne pouvait plus dorénavant compter sur Conover. Bref, l'anéantissement de tous ses rêves. Les siens, ceux de Gladys et de Grace. Jusqu'où dut-elle creuser pour réussir son évasion ? Par petites pelletées, en catimini, rebouchant certains soirs la percée de la veille, craintive, coupable.

Et puis, un jour, après des heures passées à changer de tenue, trop peu sûre d'elle, à s'exercer à marcher en balançant scandaleusement les fesses, à se remaquiller, à se coiffer, à répéter les répliques qu'elle aurait probablement à prononcer au cours de l'entretien, à sourire à son miroir, à se trouver minable, bonjour Miss Snively, comment allez-vous Miss Snively, David Conover m'a beaucoup parlé de vous, Miss Snively, nous avons travaillé ensemble lui et moi, c'est lui qui m'a conseillé de m'adresser à vous, en effet je souhaite devenir modèle, en réalité il faut vraiment que je devienne modèle, c'est mon unique porte de salut, je vous en supplie Miss Snively, sortez-moi de là, aidez-moi par pitié... un jour donc, après avoir failli renoncer des dizaines de fois et prétexté encore à l'usine qu'elle était souffrante, Norma Jeane, sous le regard courroucé et accusateur de sa belle-mère, s'achemine vers le rendez-vous qu'elle s'est enfin décidée à prendre avec la directrice de l'agence Blue Book. Le 2 août 1945.

Là encore, tout pourrait s'arrêter immédiatement. Miss Snively est une professionnelle. Des jolies filles, elle en voit sans arrêt. Dans son bureau de l'Ambassador Hotel, combien d'ambitions ravalées, de carrières avortées, d'illusions brisées. Des jambes galbées ou une poitrine généreuse ne suffisent pas.

Norma Jeane s'avance. Rarement Miss Snively n'a eu en face d'elle quelqu'un d'aussi peu naturel : la démarche est outrée, pour ne pas dire ridicule, le maquillage forcé, les cheveux trop frisés, ternes, le nez un peu fort (avec une légère bosse), l'accoutrement serré à l'excès. Une voix qui minaude exagérément, essoufflée comme une asthmatique. Du plus mauvais théâtre. De plus, la pauvre fille n'est pas très grande (elle a gardé la taille qu'elle avait à treize ans) et, pour couronner le tout, elle bégaie ! Mais plus Miss Snively observe Norma Jeane que, par politesse, elle n'a pas renvoyée sur-le-champ sans perdre une minute supplémentaire, plus elle est frappée par l'incroyable douceur pulpeuse qui émane de la jeune fille. L'assurance aussi, même maladroite, de ceux qui n'ont rien à perdre. Et la volonté, une volonté de fer qui brille dans la cendre. Plus Miss Snively regarde Norma Jeane et plus Norma Jeane apparaît cerclée de lumière, grandit, blanche et irradiée, son corps se transforme et devient cet instrument de plaisir insoutenable, avec ces seins parfaits, tendus, ces hanches dodues à souhait, ces airs de nitouche pas si sainte que cela. Une lumière fragile mais intense. Précieuse comme un minerai rare.

Miss Snively se trouve devant la fille la plus mouvante, émouvante, qu'elle ait jamais rencontrée, dont la grâce transpire par à-coups, poussière d'étoile, comme le scintillement vulnérable d'un néon victime de faux contacts. Comment ne l'a-t-elle pas vu plus tôt ? La directrice de l'agence Blue Book est une femme de décision. Après quelques cours de perfectionnement, de maintien, et certains réajustements, la petite fera l'affaire, elle pourrait même devenir un morceau de choix, à cause, précisément, de cet éclat intermittent, de ce clignotement qui par moments la transfigure. En photo, ça risque de marcher. De crever l'objectif. Miss Snively offre trois mois d'avance à Norma Jeane, remboursables sur ses gains futurs, et l'invite à commencer immédiatement.

« Un petit conseil, ajoute-t-elle au moment de prendre congé de la jeune fille tout à sa joie, à ses larmes de bonheur, à son sourire de gratitude éperdue, vous aurez un succès fou auprès des photographes si vous vous teignez les cheveux. En blonde. Je vous le garantis. Faites-vous décolorer, devenez blonde, et vous les aurez tous à vos pieds. Croyez-moi. »

Non merci, bafouille Norma Jeane. Elle n'y tient pas. Elle aurait l'air tellement artificiel. Ne se reconnaîtrait plus.

Blonde, ce ne serait plus elle.

Modèle[1]

Elle est allée directement à la Radioplane et a remis sa démission. Puis elle a annoncé à la mère de Jim qu'elle était désormais inscrite dans une grande agence de mannequins. Elle débutait le lendemain même. Comme Ethel Dougherty a protesté, elle a fait ses valises. Finie l'époque où on l'expédiait comme un paquet d'un foyer à un autre. À présent, elle n'a plus l'intention de se laisser gouverner. C'est elle, désormais, qui décide. Par conséquent, retour chez la bonne Ana Lower, la douce tante Ana, qui n'a jamais porté de jugement sur elle et l'a toujours aimée de tout son cœur. La donne a changé. L'orpheline fébrile s'est étoffée. Entre deux prises de vue, elle s'occupe de la vieille femme, affaiblie par la maladie.

Elle a commencé à s'acquitter de ses dettes.

Pendant des mois, Norma Jeane travaille durement, accepte tout ce que lui propose l'agence, hôtesse d'accueil, modèle, pose dans les tenues les plus imbéciles. Toujours ponctuelle, disponible, elle ne rate pas un cours de perfectionnement, concentrée, curieuse, à ce point désireuse de bien faire, d'être irréprochable, qu'elle est prête à recommencer trente fois une prise de vue. Ensuite, elle examine pendant d'interminables minutes chaque cliché, traque le moindre défaut, impitoyable envers elle-même. Très vite, elle devient la chouchoute des photographes. Si professionnelle, disent-ils. Son visage lumineux et ses formes généreuses font régulièrement la couverture des magazines. Son book s'épaissit, même si elle refuse toujours de se teindre en blonde. À l'automne 1945, Norma Jeane a remboursé Miss Snively et gagne de quoi payer un loyer à Ana Lower. Elle dépense beaucoup, essentiellement en toilettes et produits de beauté, attentive à sa mise. Elle n'oublie pas, pour autant, l'autre objectif solidement ancré dans sa tête, le projet qui germe en elle depuis longtemps et qu'elle ne perd pas de vue : sortir sa mère de sa maison de fous et l'installer dans un joli appartement, payé par elle, avec des meubles blancs et le fameux piano de son enfance qui ne servit jamais. Alors, elle ne devra plus rien à quiconque.

En novembre, Miss Snively apprend à Norma Jeane qu'elle a parlé d'elle à André de Dienes, photographe à la réputation montante qui travaille pour *Vogue*. Un homme de métier, bien qu'encore jeune, spécialisé dans la mode, la beauté féminine, toujours en quête de nouveaux modèles.

« Je crois que vous lui plairez. Voici sa carte. N'attendez pas. »

Norma Jeane court à la rencontre du photographe d'origine hongroise. C'est un très bel homme de trente-deux ans, musclé, les cheveux châtain clair, bouclés, l'œil jouisseur et rigolard. Une peau de blond roux. Réformé pendant la guerre, André de Dienes mène en 1945 l'existence dont il a toujours rêvé. Les grandes capitales européennes, les plus belles femmes du monde et l'argent ne lui ont pas manqué. Sa première vision de Norma Jeane est celle d'une jeune fille toute rose portant un carton à chapeaux. Une friandise fraîche et appétissante, à déguster sans perdre un instant. Des cheveux très bouclés, frisés même, châtains, nattés de chaque côté du visage comme une fillette. De jolies pommettes, un sourire incroyable, immense, généreux, enfantin. Un nez un peu empâté, un peu trop fort, mais qu'importe. Avec ses yeux bleus plein d'espoirs, son front pur, cette peau que le photographe devine immédiatement étincelante, on dirait une somptueuse paysanne d'Europe centrale, vive, naturelle, espiègle et timide à la fois, avec qui tout homme sensé rêverait de rouler dans les foins. Et ce chandail rose, moulant, tellement près du corps qu'on le croirait tricoté à même la peau et sous lequel de Dienes voit déjà des seins parfaits, tendus, ronds. Ses jambes fines et pâles.

« Je m'a… m'a… ppelle Norma Jeane. Ba… Baker. Norma Jeane Baker. Vous vou… voulez me voir en maillot ? »

Il sait déjà qu'elle est parfaite. Il sait que c'est elle. De son carton à chapeaux elle a sorti un immonde bikini qu'elle va passer dans la salle de bains. Elle en ressort attifée comme l'as de pique. De Dienes sourit. Les cuisses sont fermes et lisses, les hanches pulpeuses.

« On commence demain », dit-il.

À l'aube, le photographe conduit la jeune fille sur une plage déserte et passe la journée à la mitrailler. Norma Jeane est radieuse, un large sourire dévore son visage. Elle offre à l'objectif tout son désir de vie, ses espoirs de lendemains meilleurs. Si heureuse d'être là, existante, si reconnaissante envers cet homme qui l'a choisie et lui donne de la considération, qu'elle dessine un cœur sur le sable. Le soir même, quand il développe les clichés, de Dienes est sidéré par le résultat.

« Je veux partir avec toi dans le désert californien, vers la Vallée de la Mort, et passer des journées, des semaines entières à te photographier », dit-il à la jeune fille.

De Dienes prépare sa Buick, court les boutiques de Los Angeles, achète vêtements et accessoires à l'intention de Norma Jeane. Il est prêt. Elle aussi. En décembre 1945, ils partent, avec la bénédiction de tante Ana. Dans la voiture, Norma Jeane passe beaucoup de temps à dormir, pelotonnée comme un chaton. Le photographe ne se lasse pas de la regarder, envisageant déjà des poses, des angles. La sensualité vulnérable de Norma Jeane, son innocence charnelle, son bégaiement qui par moments la submerge le bouleversent. Très vite, comme face à sa caméra, elle s'est livrée à lui, lui a tout raconté : son enfance, sa mère, son mariage, son désir de réussir, son intention de divorcer. Baker, c'est le nom de sa mère, et non celui de son mari. Très vite, André de Dienes a senti qu'il la désirait comme un fou. Très vite, il a compris qu'il en était éperdument amoureux.

Pendant des jours, ils sillonnent tous deux des milliers de kilomètres, réalisent des monceaux de photos. Chaque jour, de Dienes attrape la beauté de Norma Jeane au milieu des montagnes, des rochers. Ils sont seuls au milieu de nulle part. Il a le sentiment de l'avoir kidnappée, de l'avoir pour lui tout seul. Chaque jour, Norma Jeane est plus belle, toujours levée de bonne heure, maquillée, coiffée, prête à travailler. Chaque jour, le photographe brûle de lui demander de poser nue, et chaque jour il ne trouve pas la hardiesse nécessaire pour le faire. Chaque nuit, le désir l'empêche de dormir et le pousse à frapper à la porte de Norma Jeane qui doucement le renvoie dans son lit. De Dienes n'en peut plus. Il demande à la jeune femme de l'épouser. Il paiera les frais de son divorce, ils n'auront qu'à aller à Las Vegas pour accélérer la procédure. Ils auront beaucoup d'enfants, il passera sa vie à la photographier, car elle deviendra une superstar, lui répète-t-il tous les jours. Pour l'heure, elle est parfaitement inconnue, lui dit-il, mais un jour... Un jour, lui prédit-il, tu seras la femme la plus photographiée du monde.

Norma Jeane rit, elle est si heureuse. C'est bon d'entendre toutes ces jolies choses, c'est bon d'avoir rencontré un être qui partage ses délires. André est gentil, adorable. Il lui a acheté son premier jean. Elle se sent bien avec, elle qui ne portait et n'aimait que des robes. Il la photographie en pantalon, en pull, en jupe, en robe, cheveux attachés, dénoués. En costume traditionnel hongrois. Elle n'est pas sûre d'avoir envie de lui. C'est le désir qu'elle sent chez l'autre qui compte pour elle. Plus il est fort, plus elle devient importante. L'acte en soi n'en est que l'aboutissement, et donc, d'une certaine manière, la fin. Elle ne le recherche pas spécialement. Mais elle doit bien cela à André, si chevaleresque avec elle qu'il a accepté de la conduire jusqu'à Portland (à deux mille kilomètres) en roulant jour et nuit, pour rendre visite à sa mère qu'on vient juste de laisser sortir de l'hôpital psychiatrique. C'est bientôt Noël, période de l'année qui assombrit Norma Jeane. Entendu, dit de Dienes. Nous allons là-bas, puis nous nous occupons de ton divorce.

Norma Jeane ne dit rien et laisse André la rejoindre ce soir-là dans son lit.

La visite à Gladys est un désastre. La pauvre femme vit dans une petite chambre d'hôtel de Portland. Pourquoi diable, se demande de Dienes dès qu'il la voit, l'a-t-on laissée sortir si vite de l'hôpital ? C'est à peine si elle reconnaît Norma Jeane qui s'empresse fébrilement de déballer les cadeaux qu'elle lui a achetés avec ses quelques économies. Gladys ne les regarde même pas. Elle ne dit pas un mot. Prétextant un rendez-vous urgent, le photographe met fin au calvaire et entraîne vite Norma Jeane, muette comme une tombe pendant toute la fin du voyage.

Blessure d'enfance sans cesse rouverte. Impuissance rageuse, sentiment d'injustice, culpabilité et besoin de revanche lui tenaillent plus que jamais le ventre. Nous aurons une maison un jour, maman, rien que pour toutes les deux, un jour, une maison, je te le promets...

À Los Angeles, un message de Jim Dougherty attend la jeune femme, l'avertissant de son arrivée. André de Dienes propose à Norma Jeane de s'éloigner, le temps qu'elle règle son divorce. De son côté, il ira à New York où il vient d'apprendre le décès d'un ami. Oui, dit Norma Jeane, d'accord. Mais le modèle de plus en plus couru de l'agence de Miss Snively n'a pas l'intention, pour l'heure, d'épouser qui que ce soit, fût-ce un photographe de renom grâce auquel son book a considérablement gagné en prestige. Elle ne pense qu'à sa carrière, répond vaguement aux lettres et aux incessants coups de téléphone de l'amoureux fou, mort d'inquiétude et rongé par le doute, là-bas, sur la côte Est. Jim Dougherty n'est pas mieux traité. Quand il débarque à la fin du mois de décembre 1945, il découvre avec consternation que Norma Jeane ne l'attend pas sur le quai de la gare de Van Nuys. Elle travaille. Il ne s'agit pas d'un incident. Pendant ses trois semaines de séjour à Los Angeles, le jeune marin ne voit pratiquement pas sa femme, sollicitée de tous côtés pour des séances de photos. Jim Dougherty ne reconnaît pas celle qu'il a épousée. Norma Jeane a pris une fausse assurance. Elle se coiffe différemment, s'habille autrement. Maintenant, elle fait la une des magazines en maillot de bain. Elle gagne de l'argent. Elle en est fière, voudrait que Jim partage sa joie. Lui, c'est plutôt un sentiment de honte qui le submerge. D'inéluctabilité. Sa femme en petite tenue sur les murs des stations-service ou des armoires de ses copains militaires, il s'en passerait bien. Entre eux, l'incompréhension est totale. Elle aboutit aux paroles ultimes, fatales, d'un Jim Dougherty poussé à bout, par sa mère, les voisins, les ragots : ta carrière ou moi.

Norma Jeane ne répond pas. Norma Jeane agit en douce, en douceur, désireuse de ne blesser personne, incapable d'affronter ouvertement les conflits et les personnes. Norma Jeane n'aime ni vérité, ni décisions, ruptures, fins brutales, changements violents. Elle préfère que ça traînasse, pourrisse, que ça meurt de soi-même, sans bruit ni fureur, comme une lente évidence. Jim repart plus décontenancé que jamais. Quelques mois plus tard, il recevra, lors d'une escale à Shanghai, les papiers du divorce. Entre-temps, décidée à se lancer au plus vite à l'assaut du cinéma, Norma Jeane a pris un agent qui lui assure que son statut de femme mariée constitue un handicap à sa carrière d'actrice. Aucun studio ne lui signera de contrat, de peur qu'elle ne tombe enceinte. De Dienes, lui, retraverse au printemps les États-Unis de part en part pour voler auprès de son amour et retrouver celle-ci en compagnie d'un autre photographe. Ses manières, trouve-t-il, sont un peu affectées. Elle en fait trop. Si attachante pourtant, si fragile. Si belle. Il ne peut lui en vouloir. La partie est per-

due. Norma Jeane a un autre destin devant elle,
De Dienes le pressent, ravale son désespoir et renonce à la dernière minute à sa tentative de suicide. Il restera toujours son ami. Elle pourra
toujours compter sur lui pour la photographier
quand elle le veut. Même si elle a perdu un tout
petit peu de son innocence et de sa fraîcheur virgi-
nales. Même si elle est désormais pétrie de calculs,
de plans de carrière et d'arrivisme.

Même si, à cause d'une publicité pour un sham-
pooing, elle a fini par céder à la pression et a fait
décolorer ses cheveux.

Blonde

Au début, elle a détesté.

Si seulement ça avait été une simple histoire de couleur, même factice à ce point, elle s'y serait faite plus vite. Mais la blondeur (avec toutes les nuances qu'elle peut comporter, du doré de Betty Grable au platine de Jean Harlow), c'est un caractère. Et ce n'était pas le sien. Pas tout à fait. Elle devenait à présent une de ces jolies petites blondes de Hollywood, une de ces starlettes légères et fabriquées, à la réputation forcément facile, parfaites dans les rôles de secrétaire sexy un peu niaise aux ordres du patron, sur qui toute la population mâle éprouve une forte envie de porter la main, maîtresses idéales d'hommes mariés, décorations parfaites et peu bruyantes pour bords de piscines lors de soirées tapageuses dans la jet-set, avec décolletés évocateurs ou maillots de bain rétrécis, femmes de corps uniquement qui ont tout appris, tout copié, de la démarche au sourire, du maintien au silence, prêtes à exhiber leur grand numéro de jonglage, de claquettes, d'équilibrisme, de danse du feu, bref, de tout ce qu'on veut. Des bêtes de cirque, épilées de bas en haut, à qui on a refait les dents, le nez, à qui on a façonné une nouvelle silhouette, une identité neuve, une identité de blonde, donc d'objet sexuel, de proie, soucieuses d'être remarquées, élues. À n'importe quel prix.

Elle est devenue un cliché.

Maintenant, les hommes la sifflent ouvertement dans la rue, lui font sans détour des propositions malhonnêtes, ils se montrent plus directs, un peu plus agressifs, pourquoi prendraient-ils des gants, car une blonde suscite le désir, non le respect, réveille les pulsions, débride la sauvagerie. Une blonde affiche d'emblée la couleur.

C'est un malentendu. Norma Jeane sait qu'elle n'a nul besoin de ce faux spot sur la tête pour attirer les regards dans sa direction, captiver l'objectif des photographes (même si on lui certifie que le blond prend mieux la lumière que toute autre teinte), ou pour que les hommes s'excitent à sa vue. Elle l'a déjà constaté avec de Dienes. Norma Jeane voudrait qu'on l'aime et la désire pour elle-même. En blonde, elle est une autre femme. Elle perd soudain toute pudeur, toute inhibition, et se révèle d'une sensualité renversante, comme ça lui arrivait au bal avec Dougherty. C'est peut-être ça être blonde. Ce jaillissement. Jusque-là, elle l'avait ignoré. N'avait-elle pas conscience de ce miracle ou de ce monstre enfoui en elle, inattendu, imprévisible ? La blondeur appartient à cette apparition surnaturelle qui lui échappe parfois et fait étinceler sa peau de mille feux. Norma Jeane n'a pas encore l'habitude.

Alors il lui faut un peu de temps. Au début, elle sursaute chaque fois devant l'image que lui renvoie son miroir, étrangère, mensongère, et contre laquelle une part d'elle-même manifeste encore quelque résistance. Comme une convalescence lente et pénible après une opération délicate. Et chirurgicale. Une transplantation. Dans sa blondeur fraîchement posée, Norma Jeane s'accoutume peu à peu aux gestes les plus simples. Ses mains ne cessent de se perdre dans ses bouclettes argentées, comme pour vérifier qu'elles sont bien accrochées. Doucement, elle s'essaie à des poses conformes à son nouvel aspect. Au fil des semaines, son reflet la fait de moins en moins tressaillir. Elle s'adapte à lui. Les autres également. Tante Ana, tante Grace, qui vit de nouveau à Los Angeles, tout le monde finit par la voir blonde comme si elle l'avait toujours été.

L'autre créature en elle gagne du terrain.

Les magazines raffolent d'elle, les hommes aussi, photographes ou journalistes. Mais ce que veut Norma Jeane, à présent, c'est un contrat avec la Fox, la Columbia ou la RKO, car elle sera actrice, pas mannequin, conformément aux souhaits de sa mère quand elle était petite. Alors, tous les jours, elle court les grands studios du septième art, son book et son CV sous le bras, maladroite, bafouillante, pressée d'obtenir la confirmation de son divorce, aux abois (car Jim, dans sa fureur, a fait supprimer la pension qu'il lui versait), haletante, touchante, pitoyable, et se fait gentiment éconduire. C'est ça, on vous rappellera. La nuit, elle fréquente les soirées de Hollywood, moulée dans des robes impossibles, comme on s'exerce à marcher sur du verre pilé. Elle s'entraîne.

Et un matin, enfin, elle s'avoue blonde, jusqu'au fond du cœur.

Table rase

Blonde, elle l'est donc désormais. Divorcée, ça ne saurait tarder. Actrice, elle en prend le chemin. 1946 est une année clé pour Norma Jeane ex-Dougherty. Transitoire et déterminante à bien des égards, capitale, constitutive et dévastatrice, c'est l'année où elle effectue un bout d'essai triomphal devant une caméra et obtient son tout premier contrat avec un grand studio de cinéma. L'année où elle commence probablement à additionner les amants et à se plier, par calcul, aux exigences lubriques de certains hommes de pouvoir prétendu ou réel. L'année de ses vingt ans. C'est aussi l'année où on lui demande de changer de nom. Un détail. Car Norma Jeane Dougherty, Baker ou Mortensen comme il lui arrive parfois d'écrire, ça ne sonne pas bien. Trop compliqué à retenir. De toute façon, ce n'est plus tout à fait elle non plus. Il lui faut désormais une identité de blonde. La Fox lui propose un prénom : Marilyn. Et tante Grace lui suggère de prendre le nom de son grand-père maternel, Monroe, un nom pareil, tout de même, historique, prestigieux, et puis on dit que les doubles lettres portent chance. MM. Marilyn Monroe. Les sonorités sont agréables, caressantes. On les mémorise facilement. Marilyn Monroe, Marilyn Monroe, oui, vraiment, s'enthousiasme Grace Goddard, ça te va bien, c'est un nom de star. Tu crois..., hésite Norma Jeane. Et elle répète dans sa tête, et elle ânonne à voix basse ces nouvelles syllabes qui la constituent désormais, Marilyn Monroe, Marilyn Monroe, comme le fait une jeune mariée pour s'habituer à son statut d'épouse, pour s'en persuader, comme elle l'avait fait, elle, quatre ans auparavant, quand elle était devenue Mrs Dougherty. Ou comme elle l'a toujours fait, en passant d'une famille à une autre. Norma Jeane, depuis l'enfance, a passé son temps à enfiler sur elle des appartenances successives. Cette fois, pourtant, ce n'est pas pareil. Cette fois, ça va beaucoup plus loin. Comme si elle recommençait tout à zéro, avec une nouvelle donne, une nouvelle chance. Marilyn Monroe est un pseudonyme né du meurtre de Norma Jeane et de tout ce qui va avec (« je suis orpheline, je n'ai jamais connu mon père, et ma mère est morte », affirme-t-elle dans un premier temps aux journalistes fascinés par l'histoire sordide, alors que, précisément, Gladys vit depuis peu avec elle chez tante Ana). Et qui en même temps repousse loin, vraiment très loin, toute ancienne limite. Tout ce qui entravait Norma Jeane, bienséance, convention, loyauté et dettes envers un passé encombrant, est dorénavant aboli. Marilyn Monroe, a priori, ne doit rien et n'appartient à personne. Elle est libre. Pour se délivrer, Norma Jeane devait se sacrifier.

Malgré ce premier contrat de six mois, renouvelable, signé en août 1946, la vie ne devient pas plus simple pour autant. Les portes ne s'ouvrent pas tout à coup. La gloire ne se présente pas du jour au lendemain. Au contraire. Elle mettra des années à survenir, au terme d'une longue et lente persévérance, à petits pas. De longues années de doutes, de concessions, de privations, de découragement, d'humiliations, d'attentes, d'illusions sans cesse brisées, d'acharnement, de déceptions affectives, de solitude, de désespoir, de ruptures, qui aboutiront même à une tentative de suicide, la première, en 1950. Mais pour l'heure, c'est Norma Jeane qui est morte. Qui est Marilyn Monroe ? Qu'est Marilyn Monroe hormis une silhouette manufacturée des laboratoires hollywoodiens ? Une poupée mécanique ? Un fantôme ? Un nom parmi des centaines sur une liste d'attente interminable ? Pourquoi émergerait-elle du lot ? Pourquoi la désignerait-on elle, ni mieux faite, ni plus maligne que les autres ?

Silhouette par deux fois dans des navets vite oubliés : voilà tout ce qu'elle récolte après ce bout d'essai originel, pourtant prometteur, tourné à la barbe de Zanuck médusé et furibard, qui a tout de même consenti à engager cette « tête de paille ». Mais au fond, le grand patron de la Fox est une des rares personnes (et il le restera) à demeurer aveugle face au potentiel érotique de la jeune Marilyn.

« Cette fille a quelque chose qu'on n'a pas vu depuis Jean Harlow. Depuis le cinéma muet. Ça crève l'écran », osent lui affirmer certains techniciens.

Ça ne lui crève pas les yeux à lui, Darryl Francis Zanuck (1902-1979), l'homme aux bottes et aux mains baladeuses, plutôt sensible par ailleurs aux charmes des « cruches » (telles qu'il les appelle devant son épouse Virginia) aspirant à la gloire, qui hantent les couloirs de ses studios et qu'il consomme sans modération. Marilyn Monroe, il faut croire, n'est pas son genre. En ce qui le concerne, c'est presque une faute professionnelle.

La jeune divorcée en paie les frais. Désormais sans mari, elle se retrouve par ailleurs avec, sur les bras, une mère dont elle s'aperçoit rapidement qu'elle est invivable. Entre Gladys Baker et sa fille, l'heure est en effet aux règlements de comptes. De part et d'autre, les reproches fusent, l'amertume, les jugements. Marilyn n'obtiendra jamais de sa mère l'admiration et la gratitude espérées. Tout retour en arrière est impossible. Le rêve de sortir sa mère de l'asile et d'emménager avec elle dans une jolie maison avec des meubles blancs s'est sérieusement effrité. Probablement sans se défaire du sentiment de culpabilité qui la brûle depuis l'enfance, Marilyn part vivre, seule, après quelques semaines de vie en commun avec sa mère, dans un petit studio, confiant à tante Ana une Gladys plus dure, plus glaciale, plus perdue que jamais. C'était intenable. La voilà pour la première fois entre ses quatre murs à elle, au milieu de presque rien car pour les biens matériels, les objets, les bijoux même, tout signe extérieur de richesse, elle n'éprouve qu'aversion. Norma Jeane n'aime pas ce qui dure, puisque rien ne dure. Mais elle n'est plus Norma Jeane, il faut bien qu'elle se le rentre dans le crâne, elle est une Marilyn Monroe qui ne se retourne pas sur le passé. Même ses proches désormais doivent l'appeler Marilyn. Une Marilyn qui se contente d'un matelas par terre et de livres posés à même le sol, qu'elle lit ou ne lit pas, avide d'apprendre et de démontrer à la terre entière qu'elle est autre chose qu'une tête vide. Une Marilyn qui veille attentivement à sa silhouette, prend doucement goût à la sphère de protection et de réconfort dont l'alcool, a-t-elle remarqué, parvient à l'envelopper. Une jeune femme de plus en plus belle et de plus en plus seule avec du blanc tout autour, du sol au plafond.

Six ans. Cette longue période au cours de laquelle Marilyn Monroe rit et gémit dans l'ombre, tour à tour, en attendant que vienne son heure, va durer six ans[*]. Période floue trouée de plusieurs inconnues sur lesquelles les biographies divergent. Certaines affirment que pour payer son loyer et parvenir à ses fins, Marilyn a régulièrement gagné de l'argent avec son corps, entraîneuse, call-girl,

[*] Puisqu'on peut estimer qu'elle prend fin en 1952, année où elle passe du statut de starlette à celui de star.

voire tout bonnement prostituée. On évoque les soirées très privées de Joe Schenck, ténor septuagénaire de la Fox lié à la Mafia, qui se faisait livrer des jeunes femmes en limousine. On parle d'orgies, d'avortements. Comment savoir ? Qui croire ? Affabulations ? Vérités ? Délires mythomanes véhiculés par une femme de plus en plus incapable, et de moins en moins désireuse, de séparer la réalité de la fiction ? L'important n'est peut-être pas là. L'important n'est peut-être pas de démontrer quels moyens la petite starlette emploie pour tenter de décrocher des rôles, si elle couche ou pas pour « réussir ». Marilyn, très probablement, n'a aucun scrupule à chercher à tirer avantage de son corps, sa seule richesse qui, de toute façon, ne lui rapporte aucun autre plaisir, indifférente qu'elle est au sexe en tant que tel. Les hommes peuvent passer sur elle : ça ne l'émeut ni ne la dérange. Elle en tire même un certain honneur, un infime sentiment d'existence, une sensation de pouvoir devant leurs yeux fous, suppliants, leurs gestes fébriles et maladroits, leur mise à nu souvent pathétique à l'heure de vérité. Car en réalité, dans l'amour, ce sont eux qui se dévoilent, révèlent leurs failles. Elle se contente de se déshabiller et d'offrir à leurs caprices ses formes splendides. La compagnie des hommes très âgés ne la gêne pas. Elle la préférerait même à celle des jeunes gens pressés. Des sexagénaires comme Joe Schenck, et bientôt Johnny Hyde, n'humilient pas sa jeunesse. Ils la rassurent. Ils sont pleins de prévenance, de douceur, de gaucherie touchante, la honte, l'impuissance et la peur de mourir en plus. Marilyn ne se sent pas mise en danger à leur côté. Leurs étreintes sont poignantes et sincères. Plutôt brèves, par ailleurs. Il s'agit davantage d'une révolte désespérée que d'une jouissance égoïste. C'est aussi de cette façon qu'elle envisage la question. Tant pis si leurs fréquentations sont parfois douteuses. Près du pouvoir, ça sent souvent le soufre, le gang organisé. Près de l'argent, il y a toujours du champagne, de jolies filles et des hommes en noir. Hollywood est un condensé de tout cela. Marilyn a faim. Elle a besoin d'argent et de gentillesse. D'un père ou d'un grand-père auprès d'elle, qui croit en son talent, l'encourage et la protège. Qui entrevoit en elle l'avenir qu'il ne connaîtra pas. Quitte à coucher avec.

Coucher avec son père, Marilyn l'a avoué à plusieurs personnes, c'est un fantasme — son vrai père, son géniteur, celui qui engrossa Gladys un jour et ne voulut jamais rien savoir d'elle... ou ne sut jamais rien tout court —, l'aborder dans un bar comme elle sait faire, en petite tenue, les seins jaillissants, le cul bombé, les jambes câlines, la bouche suggestive, plus belle que jamais, le rendre malade de désir, fou furieux, esclave, lui faire payer le prix fort et lui faire connaître ce qu'il n'a jamais connu : une nuit d'amour ardente et inoubliable sans aucun interdit. Puis le quitter au petit matin, des billets plein les poches, le sourire aux lèvres, après lui avoir révélé qu'il vient de baiser sa propre fille pendant des heures. Bye bye Daddy.

Et c'est peut-être cette nuit-là qu'elle répète, inlassablement, quand elle livre son corps aux mains de ses amants, comme à autant de pères putatifs, d'oncles adoptifs, de « Mr Kimmel » baveux et vicelards sur lesquels elle étendrait sa malédiction.

Alors certains jours, forte de cette victoire anticipée, elle rayonne, visage caméléon devant les objectifs des photographes, quelque chose de frais, de juvénile, d'enfantin, de l'ancienne Norma Jeane, perce encore à travers la coquille blonde. Elle sourit, rit à la vie, au merveilleux avenir qui va être le sien quand elle sera adulée par le monde entier et que des milliers de pères prétendants s'écharperont pour l'adopter. Elle est sans âge, elle est belle, innocente et vierge comme l'agneau. C'est toujours la jeune fille aux nattes, au nez trop fort et aux seins en forme de poire, mitraillée par André de Dienes. Elle y croit, elle y croit dur comme fer.

Mais certains autres jours, quand elle passe devant son miroir, et qu'elle se distingue à peine, elle a l'impression de devenir transparente.

Marilyn Monroe

En février 1947, Zanuck hausse les épaules et accepte de renouveler pour six mois supplémentaires le contrat de la « blonde stupide ». Visiblement, il y a autour de lui des gens qui veulent du bien à cette petite. Lui ne comprend pas, ne voit toujours pas pourquoi. Aucun caractère, aucune personnalité. Ce n'est pas elle qui aurait les reparties gouailleuses de Jean Harlow à ses propres propos obscènes. Ce n'est pas à elle qu'il pourrait peloter les fesses en passant et en rire ensuite de bon cœur en sa compagnie. Les temps changent. Enfin. Peu lui importe, au fond, il ne la croise jamais. Marilyn, qui traîne abondamment du côté des studios en s'efforçant de tomber « par hasard » sur quelqu'un d'influent, n'a pas les mêmes horaires que le grand patron. Toutefois, grâce à l'un de ses protecteurs, elle obtient au printemps 1947 son premier « rôle » dans un film sans intérêt, *Scudda Hoo ! Scudda Hay !*, où elle incarne une jeune passante, avec une réplique de deux mots : « *Hi, Rad*[*] », les tout premiers, par consé-

---

[*] « Salut Rad. »

quent, de la carrière cinématographique de Marilyn Monroe. Le film passe inaperçu, mais la starlette est contente. C'est un début, elle a dépassé le stade de la silhouette pour atteindre celui de la figurante. Pas mal pour une si mauvaise actrice, songe-t-elle.

Car il y a chez elle une volonté peu commune d'apprendre, de se perfectionner, qui va de pair avec une très forte sous-estimation de soi. Comment pourrait-elle devenir une star ? Comment pourrait-on lui donner des rôles différents de ceux de la potiche de service à qui l'on demande simplement d'être belle et plus ou moins de se taire ? Elle ne sait pas jouer, ni placer sa voix. D'ailleurs elle n'a pas de voix, se trouve mauvaise, fait preuve d'une timidité paralysante. De plus, elle n'est jamais allée au théâtre et n'a jamais vu une pièce de sa vie. Par conséquent, prenant son courage à deux mains, et après avoir raclé le fond de ses poches, Marilyn s'inscrit pendant quelque temps à un cours de théâtre, l'Actor's Lab, si discrète, si craintive que personne ne la remarque, petite blonde timide, élève des plus assidues qui assiste au cours avec un caniche sur les genoux, rêvant de devenir une héroïne tragique, rêvant de New York, de la respectabilité de New York où se forment les vrais grands acteurs. Peut-être elle aussi, un jour... En attendant, avant de jouer Anna Karénine ou Lady Macbeth, Marilyn doit se contenter d'être une serveuse dans un autre film oublié intitulé *Dangerous Years*.

Et puis tout s'arrête. Arrivé à échéance en août 1947, son contrat, cette fois, n'est pas reconduit. Sans raison d'après l'intéressée et la plupart de ses biographes qui crient à l'injustice et sautent en général de ce renvoi mystérieux de la starlette de la Fox à son embauche par Columbia Pictures, comme si les deux événements se succédaient du jour au lendemain, suivant d'ailleurs en cela la piste tracée par Marilyn elle-même. Pourtant, entre les deux moments s'écoule la bagatelle de huit mois. La thèse d'une grossesse malvenue[*] s'avère la plus probable (une starlette enceinte se voit tout de suite montrer la porte des studios) et concorde presque trop parfaitement avec certains « aveux » tardifs de Marilyn à certaines personnes[**].

Toutefois, s'il y eut accouchement, il n'en existe aucune preuve tangible. Par ailleurs, pourquoi aucun rapport médical, pas plus que l'autopsie effectuée en août 1962, n'est en mesure de nous fournir cette information ? Marilyn pourtant, c'est notoire, a beaucoup fréquenté les gynécologues. On ne sait rien. Un corps cependant possède une mémoire. Il faut croire que celui de Marilyn n'avait que des regrets.

Et des secrets aussi[***].

---

[*] Don Wolfe va jusqu'à affirmer que Marilyn accoucha d'une fillette en novembre 1947 qui fut placée dans une famille de Brooklyn d'origine sicilienne, et dont le père n'aurait été rien de moins que John Fitzgerald Kennedy.

[**] Amy Greene, Lena Pepitone et Jeanne Carmen entre autres.

[***] On ne le répétera jamais assez, pour tout ce qui touche à Marilyn Monroe, aux témoignages d'autrui et presque surtout à ses propres dires, la plus grande prudence est de mise. Cependant, une vie se construit aussi — essentiellement ? — sur des mensonges, des non-dits, des mystères. Celle de Marilyn en particulier. Il convient donc de ne pas les esquiver et, au contraire, de les souligner, de les replacer, non pas en marge, mais là où ils doivent être : au cœur même de la tragédie.

En mars 1948, grâce à l'intervention de Joe Schenck, Marilyn Monroe est embauchée par la Columbia, compagnie peu prestigieuse à l'époque. Mais c'est toujours ça de pris. À nouveau espoir et illusions renaissent, d'autant plus que de maigrichonnes mensualités lui donnent un semblant de sécurité et l'aident à payer sa chambre située non loin de Hollywood Boulevard. Même si elles ne lui permettent pas de manger à sa faim. Ce n'est pas le plus important. Marilyn préfère employer son argent à d'autres priorités et saute autant de repas qu'il est possible. Elle est toujours aussi peu sûre d'elle, consciente qu'elle ne doit ses engagements qu'à ses protecteurs et à ses formes généreuses, ce qui lui vaut mépris et moqueries de ceux dont elle brigue la considération. Heureusement, pour quelques êtres encore de sa vie « d'avant », elle n'est pas juste la « tête de paille » raillée par Zanuck, ou cette jolie proie d'un soir, vite prise, vite oubliée. Sa mère mise à part (car à la surprise générale, Gladys s'est remariée avec un voyageur de commerce qu'elle a suivi dans l'Oregon), restent auprès d'elle tante Grace, revenue à Los Angeles, et tante Ana. Mais en mars 1948, peu après l'entrée de sa « nièce » à la Columbia, Ana Lower meurt de la longue maladie qui la minait depuis des années.

Marilyn s'effondre. Pour elle déjà fragile, instable, la perte du seul être qui lui manifesta, pendant sa longue enfance, de la tendresse, est une épreuve qui la confronte pour la première fois avec la mort, l'abandon définitif. La disparition de tante Ana renvoie Marilyn à ses jeunes années, au temps qui passe, à sa perpétuelle solitude, à sa propre mort. Pour la première fois de sa vie peut-être, la blonde incarnation des plaisirs charnels entre dans un cimetière[*]. Désir d'ensevelissement à son tour qui alterne avec la volonté sensuelle, ardente, de vivre tout feu tout flammes. Marilyn est l'union de ces deux forces opposées, de ces deux élans contradictoires qui la font avancer et souffrir.

Maniaco-dépressive.

Désormais, elle est vraiment seule. Ana morte, Gladys enfuie, tante Grace, qui ne cesse de déménager, trop souvent en proie à l'alcool ou à d'autres problèmes, Jimmy Dougherty déjà remarié. Marilyn doit d'urgence retrouver une autre « famille ».

Au printemps 1948, moulée dans une robe trop courte et perchée sur de hauts talons, la débutante se présente chez le professeur d'art dramatique de la Columbia Pictures. À l'évidence, rien ne peut être plus opposé que Natasha Lytess et Marilyn Monroe. D'un côté une veuve autrichienne, brune ascétique, érudite, rongée de certitudes et d'amertume, maigre et pâle ; de l'autre, une petite blonde pulpeuse et fraîche, ignare, maniérée et bredouillante, dont les yeux sont emplis de larmes, de reconnaissance, de détresse et d'amour. La pre-

_____

[*] Elle se serait, racontera-t-elle à Arthur Miller, allongée dans une tombe ouverte.

mière a quarante-quatre ans, un copieux lot de souffrances derrière elle, une maison emplie de livres et une fille de cinq ans qu'elle élève seule. Elle n'a pas été actrice très longtemps, elle est laide et sévère, une tête d'aigle et des tenues toujours sombres. Sa présence austère dans des studios de cinéma qui regorgent de filles légères et sexy, où les mœurs ne sont pas loin d'être dépravées et où la corruption, le copinage sont légion, ressemble à celle d'une duègne lâchée dans un club de majorettes. Elle y est aussi incongrue que nécessaire, aussi mystérieuse que respectée. Natasha Lytess a sans doute bénéficié de quelque amitié haut placée pour décrocher ce poste, inespéré pour la récente immigrée européenne qu'elle était en 1945, et qui lui a sauvé la vie. Depuis, elle fait autorité au sein de la Columbia. Son avis est influent, son soutien chez les starlettes recherché. Quant à Marilyn, elle aura vingt-deux ans en juin. Pathétiquement peu sûre d'elle, elle est affectée au possible (« rien chez elle n'était naturel », dira Lytess), s'habille dans des tenues outrageusement serrées ou échancrées, bégaie dès qu'elle tremble et tremble dès qu'elle bégaie, n'a jamais entendu parler de Shakespeare, ne connaît rien à rien. Et demande tant d'amour. La nuit et le jour.

Mais ce sont aussi deux solitudes qui se rencontrent, deux béances affectives, une orpheline lumineuse en quête de famille et de respect, malléable, soumise, admirative, et une veuve éteinte minée par la frustration et qui forcément ne peut pas demeurer indifférente au soleil émanant de Marilyn, à l'adoration que cette dernière lui voue en un clin d'œil, à ce corps irrésistible, nu, qui incendie sa maison. Natasha Lytess est flattée de susciter pareil émerveillement, elle est troublée par cette volupté étrangère, cette sensibilité exacerbée, heureuse au fond de cette terre vierge, démunie de tout, qui débarque chez elle et sur laquelle elle va pouvoir planter à sa guise.

Marilyn a enfin trouvé le maître, la maîtresse qu'elle cherchait, qui va lui enseigner à devenir meilleure, la meilleure, voit en elle au-delà des apparences, en même temps que l'amie, la confidente, voire la « mère » chez qui elle trouve un foyer de substitution. Très vite, elle passe la majorité de son temps chez Natasha, couvre sa fille de cadeaux, reste bien souvent dormir sur le sofa.

Puisque tout les sépare, tout les unit.

Natasha « éduque » Marilyn qui boit ses paroles, elle la « corrige » selon ses propres critères, s'efforce d'ôter, une par une, les couches de maquillage et d'afféterie malhabiles que la starlette, croyant bien faire, s'est infligées, sous lesquelles elle a tenté d'étouffer l'ancienne Norma Jeane. Au lieu de le dissimuler, Lytess oblige Marilyn à aller chercher au fond d'elle son jeu. Et sa personnalité. À ne pas se cacher sous sa blondeur. Elle lui apprend à placer sa voix. À respirer. L'exigence, l'intransigeance de Natasha donnent peu à peu confiance à l'élève avide en mal d'assurance qui lui confie sa vie et aime blottir sa solitude toute rose contre son corps osseux et fripé. Le lien très fort qui se tisse rapidement entre les deux femmes est-il de nature plus ou moins sexuelle ? Se peut-il que les gestes tendres du professeur à l'élève, que ses démonstrations d'affection aient un moment dérapé ? Un baiser d'abord, puis des mains qui ont besoin de toucher, de caresser. Que le corps asséché de la veuve se soit senti brûler à nouveau à force de promiscuité avec cette chair radieuse d'érotisme ? Que le pur esprit soit, tout simplement, tombé amoureux de la blonde stupide ? Car si relation de cet ordre il y a eu, c'est indubitablement dans ce sens. Natasha Lytess n'a pas grand-chose à perdre et les prétendants ne se bousculent pas à sa porte ; Marilyn à l'inverse, moins naïve et plus calculatrice qu'on ne l'admet, a beaucoup à gagner. Jouir de l'appui immodéré de Lytess au sein de la Columbia pourrait lui être fort utile. Par ailleurs, le sexe lui est indifférent et il lui est quasi impossible de séparer l'amitié et l'amour, ni son corps de son travail, comme on l'a vu avec différents photographes et comme cela se reproduira tout au long de sa vie. Liaison sentimentale et peut-être physique, donc, idéale pour expliquer du coup la rupture violente qui se produira entre les deux femmes quelques années plus tard, une fois que Marilyn, devenue star, ne voudra plus s'encombrer de Lytess[*]. Toujours est-il que le professeur s'est sans doute entiché, violemment, de

[*] À l'exception de Matthew Smith qui prétend révéler — au moyen de soi-disant enregistrements qu'aurait effectués à la fin de son existence Marilyn à l'attention de son psychiatre — une liaison qu'elle aurait entretenue avec l'actrice Joan Crawford, l'homosexualité, du moins la bisexualité, de la star n'a jamais été démontrée.

Marilyn. Et que Marilyn a vraisemblablement joué peu à peu de cette faiblesse chez son professeur pour étendre doucement son pouvoir sur elle. En quelques semaines, le rapport de force s'inverse. La dominée n'est pas forcément celle qu'on croit.

Un matin, Natasha court chez Harry Cohn, le grand patron de Columbia Pictures, pour le persuader que dans la prochaine production que s'apprête à réaliser la maison, il y a un rôle pour son élève. À voir, répond celui-ci. C'est un film de music-hall. Sait-elle chanter ? Danser ? Elle apprendra, assure Lytess qui consacre dès lors tous ses efforts et tout son temps à préparer Marilyn à cet emploi de stripteaseuse-chanteuse sexy de *Ladies of the Chorus (Les reines du music-hall)*. Certes, c'est tomber à pieds joints dans le cliché, le poncif de la « tête de paille » aux belles formes, mais il faut se rendre à l'évidence : pour l'heure, les probabilités que Marilyn se voie offrir un rôle d'intellectuelle sont très minces. Avant d'être en mesure de prouver autre chose, elle doit assumer son statut de *sexy girl* et là, démontrer qu'elle a la capacité d'en sortir. Marilyn n'a pas le choix. Il faut tout saisir, tout accepter. Sa situation est des plus précaires, elle ne mange pas à sa faim, vit dans des conditions médiocres, s'installe un temps chez l'un ou chez l'autre avant de regagner sa chambre, triste et insalubre, oublier qu'elle est seule. Mais aussi rester dans l'errance, reconstituer le nomadisme de son enfance, sa non-appartenance à rien ni personne, qui lui fait pourtant si mal, ne jamais poser ses bagages nulle part.

C'est un fait, la sédentarité fait peur à la jeune femme. Partout, il y a toujours quelque chose à fuir. Aggravée par la mort de tante Ana, la dépression la poursuit. Elle se réfugie dans les bras des hommes et, de plus en plus, dans les vapeurs faussement rassurantes de l'alcool. L'orpheline se sent mal aimée. Elle ne se sentira jamais assez aimée. Les années à rattraper sont trop nombreuses. Chez tous les êtres qu'elle approche, elle recherche non seulement l'amour, mais quelque chose d'encore plus profond, pas loin de la filiation. Quant à son propre cœur, elle l'a refermé depuis longtemps.

Il va se rouvrir brutalement. Ou s'ouvrir pour la première fois.

La stripteaseuse principale des *Reines du music-hall* est tenue d'interpréter plusieurs chansons, dont une en particulier qu'on croirait spécialement écrite pour Marilyn Monroe : *Every Baby Needs a Da-Da-Daddy*. Natasha Lytess envoie donc sa protégée auprès de l'homme qui occupe à la Columbia les fonctions de professeur de musique, compositeur, répétiteur, arrangeur musical et pianiste. Fred Karger. Dans le paysage masculin qui entoure Marilyn, Fred Karger est un spécimen détonnant : il est jeune (trente-deux ans, soit dix de plus qu'elle seulement), divorcé, un enfant, beau, talentueux, prometteur, et doté d'adorables parents câlins. Avec son petit filet de voix et sa timidité maladive, son bégaiement qui resurgit toujours au plus mauvais moment, la starlette en herbe écoute le séduisant professeur, regarde sa mâchoire légèrement proéminente, son air volontaire, et tombe sous son charme. Follement. De lui, mais aussi de son fils, de ce qu'il est, de ce qu'il représente, et surtout de sa mère, Nana Karger, contre qui elle vient immédiatement se pelotonner comme un chat.

Marilyn miaule, apprend à chanter et à faire l'amour avec amour, ouvre son corps à des lendemains. Elle se prend à rêver.

Elle est une enfant, une jeune fille amoureuse pour la première fois de son existence, rougissante et maladroite, qui couvre les Karger de cadeaux bien au-dessus de ses moyens et confie ses bonheurs, ses fantasmes et ses peurs à Natasha, bien sûr. Natasha, grise, poivre et sel, dont le ventre s'est serré peut-être depuis qu'elle est contrainte de partager les mèches blondes de Marilyn avec les cheveux blancs de Nana Karger et le brushing de Fred. Mais qui est prête à tout accepter pour ne pas perdre cette élève particulière et, comme elle l'a sans doute déjà compris, pathologiquement volage. Marilyn veut plaire à tout prix. Elle fréquente assidûment la maison des Karger, fait la cuisine, la vaisselle, le ménage, joue avec le fils de Fred, guette le moment où l'on va lui proposer de s'y installer pour de vrai. Où l'on va la recueillir. Elle ne voit pas, ne veut pas voir, l'attitude méprisante de Fred à son égard, la distance qu'il s'évertue à garder vis-à-vis d'elle, en dehors du lit. Marilyn n'entend pas que le cœur de son amant ne bat pas au même rythme que le sien. Elle envisage un nouveau mariage, d'amour cette fois, qui lui donnerait, en plus d'un époux qu'elle adorerait, ce que la vie pour le moment lui a toujours refusé : des parents, un enfant.

Natasha la met-elle en garde ? Évidemment, elle n'aime pas Karger et ne sait que trop bien ce qui l'intéresse chez Marilyn. Mais que faire ? Comment le dire ? Le sujet est trop sensible, les sentiments de Marilyn trop dévorants. La relation se complique de jour en jour. L'amoureuse n'entend rien, s'abaisse en position d'attente et ne vit plus qu'à la disposition de Fred, selon son bon vouloir. Elle est une souillon qu'un prince a choisie entre toutes. Une pauvre fille des rues aimée par un seigneur. Une moins que rien, alors que Fred est tout, intelligent, si doué. Elle n'est pas à la hauteur, elle le redoute, et veut s'illusionner. Marilyn croit aux histoires d'amour. Elle fait des efforts, s'applique à être bonne actrice pendant le tournage des *Reines du music-hall*, à chanter comme Fred le lui a appris. Et quand c'est trop dur, quand un mot froid, une attitude blessante de Fred l'a démolie, quand soudain elle tremble à l'idée que lui aussi finira par l'abandonner, elle vient pleurer un moment dans les bras de Natasha avant de reprendre son attente, court offrir à Fred une montre hors de prix, gravée, qui la prive peut-être de manger à sa faim pendant de longs mois.

Le film est une niaiserie mais plusieurs critiques, cependant, soulignent la performance d'une blonde prometteuse, un beau brin de fille avec une voix intéressante, qui se distingue au milieu de ce ramassis de médiocrité. Le grand patron de la Columbia l'a remarquée lui aussi. Au grand dam de Natasha qui sait à quoi s'en tenir sur certaines de ses pratiques et a tenté depuis le début de « cacher » plus ou moins Marilyn à ses yeux concupiscents, il convoque cette dernière dans son bureau et l'invite à une croisière à deux sur son yacht. La jeune femme refuse. Elle est renvoyée sur-le-champ. À la fin de l'année 1948, Marilyn Monroe se fait donc jeter pour la deuxième fois d'un studio de cinéma.

Au même moment, Fred Karger lui broie le cœur pour longtemps (peut-être pour toujours car il lui montre quelle est sa place, la place de Marilyn Monroe) : il n'a nullement l'intention de se marier avec elle, lui dit-il. Qu'elle regarde les choses en face : il ne peut décemment pas proposer comme deuxième mère à son fils une fille comme elle. *Une fille comme elle*. Une fille qui couche avec tout le monde, qu'on désire mais qu'on ne respecte pas, une bombe sexuelle. Une maîtresse. Un fantasme plutôt. On n'épouse pas un fantasme.

Brisée, humiliée, la petite starlette se demande si la créature de rêve nommée Marilyn Monroe qu'elle sculpte jour après jour en suant à grosses gouttes pour s'extraire de la boue n'est pas, tout compte fait, sa pire ennemie.

Début 1949, la seule lueur pour la jeune femme, c'est sa convocation à un bout d'essai pour le prochain film des Marx Brothers. Dépouillée de ses appointements mensuels, elle vit uniquement des photos qu'on veut bien lui proposer, accepte tout et n'importe quoi, publicités, exhibitions en maillot de bain ou sur des skis (ou les deux à la fois), lors de tournois de golf, de matchs de base-ball, pose aux côtés de Henry Fonda ou d'autres célébrités, ses cheveux longs et blonds, frisottés, ce large sourire, toujours, qui lui dévore le visage, cette expression presque carnassière de bonheur absolu, alors que tout en elle pleure et supplie. Son renvoi de la Columbia, même pour les raisons aussi peu professionnelles qu'on sait, a entamé sa confiance (déjà peu solide). Le succès de son audition pour *Love Happy* (*La pêche au trésor)* ne lui remonte le moral qu'un court moment (l'anecdote est célèbre : Groucho Marx aurait demandé aux trois starlettes postulantes d'avancer devant lui ; celle qui parviendrait, simplement en marchant, à réveiller sa libido vieillissante aurait le rôle. Marilyn esquissa quelques pas. Quand elle se retourna, de la fumée sortait des oreilles de Groucho !). Être « le plus beau cul de la profession » (selon l'aîné des Marx Brothers) ne lui permet toujours pas de manger, encore moins de voir à long terme.

Pendant quelques mois, elle partage le studio et le lit du journaliste Robert (Bob) F. Slatzer, aussi fauché qu'elle et tombé très amoureux depuis 1946 de la naïade magnifique qui lui prête quand il le souhaite son corps de rêve pour jouer avec ses fantasmes. Un corps de rêve qu'on lui offre de photographier nu, au mois de mai, pour un calendrier et la très modeste somme de cinquante dollars. À prendre ou à laisser. Marilyn songe-t-elle aux conséquences d'un tel acte pour sa carrière ? Préfère-t-elle en balayer la pensée d'un revers de main, incapable de voir plus loin que le lendemain ? Ou bien le désir est-il plus fort que la raison ? Elle accepte. C'est un vœu de toujours. Un droit. Un devoir. Par ailleurs, elle a vraiment le couteau sous la gorge. D'une certaine façon, c'est un bon prétexte. Alors elle se déshabille entièrement et allonge son corps doré, sa chevelure frisée tirant presque sur le roux, dans les plis d'un immense drapé rouge.

Elle est féline, curieusement jamais impudique. Les photographies en question, plus suggestives qu'ostentatoires, paraissent, pour la société d'aujourd'hui, plutôt « chastes ». On y voit les courbes en réalité bien plus fines qu'on ne l'imagine d'une jeune fille aux seins modestes, de profil, qui s'étire sur le sol comme un chat. Pas un poil pubien ne dépasse. Pas un téton ne pointe agressivement. Mais la peau est somptueuse, irradiée, chamarrée, l'arc du dos, le bas des reins possèdent un galbe d'un érotisme puissant, les jambes sont belles et fines.

Les photographies se vendent en quelques jours et vont rapporter une fortune à la société qui les exploite. Marilyn, elle, ne touche que la maigre somme prévue au départ, dépensée aussitôt. Retour à la case départ. De castings en agences, son book sous le bras et son cœur en bandoulière, la starlette poursuit sa course haletante vers une gloire toujours différée.

Peut-être en serait-elle restée là. Peut-être, pendant des années, aurait-elle continué à faire feu de tout bois, à écumer toutes les propositions, à poser dans les tenues les plus ridicules, lèvres entrouvertes, mi-playmate, mi-pute, ce foutu loyer toujours à payer en fin de mois, maîtresse entretenue certains mois plus chanceux, elle aurait couché avec tous les producteurs, les réalisateurs, les scénaristes, pour éventuellement décrocher un jour un rôle un peu plus intéressant que les autres, avant de retomber définitivement dans l'oubli. Elle aurait vu son corps s'affaisser, impuissant à enrayer son vieillissement. Et elle aurait accéléré sa chute. Elle n'aurait pas été la première. C'était le sort normal de la grande majorité des starlettes. Ça aurait dû être celui de Marilyn Monroe. Si sa route n'avait croisé, à la mi-1949, celle du meilleur agent de Hollywood, Johnny Hyde.

Miss Monroe & Doctor Hyde

La toute dernière transformation, la décisive, c'est lui.

Le nez est affiné, et la forme du menton réajustée par une discrète opération de chirurgie esthétique. Les toilettes sont retravaillées, d'un sexy moins vulgaire, plus sophistiquées, auxquelles s'ajoutent des bijoux de prix. Quant aux cheveux, lissés, coupés plus court et oxygénés à la juste blondeur, ils mettent en valeur le visage et le port du cou. Johnny Hyde contrôle tout. Marilyn sera fatale ou ne sera pas. Peut-être bien que la fameuse mouche sur le bas de la joue gauche, c'est lui aussi. Les restaurants chics de Los Angeles, les soirées de gala, les tournois, tous les lieux où il faut être et se montrer, le petit studio au Beverly Carlton Hotel, dont le loyer est discrètement payé en fin de mois, c'est encore lui. Les deux premiers vrais rôles dans les films de deux immenses réalisateurs (John Huston et Joseph Mankiewicz), qui provoqueront le mea-culpa de Zanuck et un nouveau contrat, cette fois de sept ans, pour Marilyn avec la Fox, c'est toujours lui : Johnny Hyde.

Quand il rencontre la malheureuse starlette, l'année de ses vingt-trois ans, Johnny Hyde, qui pourrait être son grand-père, n'a plus qu'un an et demi à vivre. S'il ne le sait pas, du moins le pressent-il fortement, à juste titre, après une vie d'excès, trois mariages, trois divorces, diverses liaisons et une crise cardiaque. C'est un homme tout petit, extrêmement puissant et influent, riche à millions, qui a exigé pour son bureau un fauteuil conçu spécialement afin de paraître un peu plus grand. Il est créateur de célébrités.

Cependant, chaque jour lui est compté. Il est en sursis. Aussi, quand il tombe sur Marilyn apparue pour l'heure dans quatre navets et remerciée par deux studios de cinéma, errant d'agences en castings l'estomac dans les talons, Johnny Hyde en fait sans tarder sa maîtresse, se met à l'entretenir luxueusement, s'affiche en ville à ses côtés les chaussures rehaussées par d'épaisses talonnettes, se prosterne à ses pieds et lui prédit qu'elle va devenir la plus grande star de tous les temps. À la réception monstre donnée en milieu d'année en l'honneur de Laurence Olivier et de Vivien Leigh avant le début du tournage d'*A Streetcar Named Desire* (*Un tramway nommé désir*) au Beverly Hills Hotel, devant toute la profession, le petit Hyde arrive avec la jeune femme à son bras, jolie plante immobile, « comme une image figée » ainsi que la décrit Elia Kazan ce soir-là[1]. Un bel objet inanimé. Autrement dit : un vieux monsieur qui en pince pour une jeunette, au beau cul certes, mais totalement dénuée de talent. Et pour la famille scandalisée : un pigeon naïf en train de se faire plumer en beauté.

En réalité, tout le monde se trompe. Car Hyde a vu, senti en Marilyn Monroe l'être à la puissance terrifiante qui sommeillait, et l'a aidée à sortir une fois pour toutes de sa coquille encombrée, multipliant les démarches dans une course pathétique contre la montre, conscient qu'il ne serait pas longtemps sur terre pour profiter de son œuvre ; et il est tombé éperdument amoureux de sa créature, de la petite fille bredouillante qui pleurait dans ses bras en lui affirmant que personne n'avait jamais été aussi gentil avec elle, autant que de sa métamorphose en indispensable diva de tous les fantasmes, ruisselante d'assurance sensuelle.

Tout le monde a faux, car si Marilyn doit beaucoup à Johnny Hyde*, elle refuse cependant de l'épouser. Au grand dam de ses enfants, le petit homme, en effet, est si épris qu'il a demandé en mariage la pulpeuse nymphette dont il voudrait faire son héritière juste avant de mourir.

Mrs Marilyn Hyde, veuve flamboyante, avec des millions plein les poches, des propriétés, des domestiques, des titres, des conseillers, des avocats, aurait connu une tout autre existence. Et non des moindres. Une coquette revanche sociale pour

* C'est lui qui lance véritablement sa carrière jusque-là bégayante. Après un coup d'épée dans l'eau — l'échec justifié du mauvais film *A Ticket to Tomahawk* (*Le petit train du Far West*), produit par la Fox, dans lequel il lui décroche un petit rôle en 1949 —, il obtient pour elle un rendez-vous avec John Huston qui cherche une blonde très sexy pour incarner la petite amie d'un mafieux dans son dernier film. À partir de cette date, la machine va véritablement s'emballer, et il sera impossible de l'arrêter.

l'orpheline n° 3463 qui aurait pu offrir à sa mère une maison, voire un château, avec des pianos blancs dans toutes les pièces, payer une rente mensuelle à vie à Grace Goddard, couvrir de cadeaux sa demi-sœur Berneice Miracle, ainsi que Nana Karger, la mère de Fred, ou encore Natasha Lytess. Elle n'y croit pas, sans doute. Elle ne le veut pas. Ce n'est pas, selon elle, le destin de Marilyn Monroe.

La décision, malgré tout, doit être difficile à prendre. Hyde est pressant, un homme à l'agonie. Marilyn sait qu'une fois Johnny mort, à défaut d'un lien légal entre eux, elle se retrouvera dans la même situation qu'avant, à manger de la vache enragée et à poser, dans le plus simple appareil, pour des calendriers. Pourtant, elle refuse de l'épouser. Catégoriquement. Elle se fera seule. Et elle se mariera par amour, dit-elle. Pour son bienfaiteur, elle éprouve tendresse, affection et reconnaissance éternelles. Mais elle n'est pas amoureuse de lui. Nobles et louables scrupules, tout à son honneur, un peu surprenants cependant quand on sait l'impasse dans laquelle se trouve alors la jeune femme ; quand, par ailleurs, il est notoire qu'elle n'a pas toujours fait preuve d'autant de retenue, de pudeur. Acte suicidaire ou égoïste, stupide ou d'une lucidité rare (probablement tout à la fois), le rejet de la proposition de Johnny Hyde replace Marilyn dans les marges et la solitude qui fondamentalement la constituent. Qu'elle croie encore ou non à l'amour, au grand amour, malgré son passé déjà lourd et sa déconfiture avec Fred

Karger, pourquoi pas ? Vestiges d'une illusion d'enfant, comme une veilleuse rassurante dans la nuit ? La certitude, en revanche, c'est qu'elle ne veut pas, ne veut plus, dépendre d'un homme ou de quiconque financièrement, principe auquel elle se tiendra sans faillir jusqu'au bout de sa vie. Ses aliénations seront autres, psychologiques ou physiologiques. Mais Marilyn ne sera jamais une femme entretenue. Elle ne sera jamais plus cette petite fille dans l'attente d'un foyer d'accueil.

Pour son audition avec John Huston, Hyde conseille à Marilyn de bien préparer son texte avec Natasha et d'être la plus attirante possible, conformément au rôle convoité. La starlette tremble de trac. Elle répète jour et nuit avec Lytess. Pour elle, l'enjeu est de taille. Chaque film constitue un petit caillou supplémentaire sur le chemin qui doit la conduire à la gloire. Nerveuse, peu sûre d'elle, elle se présente en minaudant devant le maître, moulée dans une robe des plus audacieuses, le soutien-gorge rembourré de mouchoirs. Le réalisateur n'est pas né de la dernière pluie. Aussitôt, il se dirige vers elle et, sans préambule, la dépouille lui-même de ses artifices superfétatoires.

« Et maintenant, passons au texte, mademoiselle », propose-t-il.

Confuse, Marilyn demande si elle peut s'allonger pour débiter sa tirade. Une première fois. Une deuxième fois. Avec son petit filet de voix essoufflé. Elle insiste pour recommencer. Elle désire tellement bien faire, montrer qu'elle est plus que la fille sexy dont elle utilise l'apparence pour sortir du lot et se donner du courage. Huston hausse les épaules. Si vous voulez. Son œil professionnel, exercé, fait fi des subterfuges, du côté outré et mis en scène de la jeune actrice. Ce qu'il voit, lui, c'est l'éclat de la peau, l'aura qui émane du corps, du visage, l'impact ravageur sur son équipe : depuis que Marilyn est entrée, les techniciens n'ont plus pipé mot. Il règne un silence lourd sur le plateau, entrecoupé seulement par le débit haletant de la starlette qu'on croirait au bord de la suffocation.

« C'est bon, finit par l'interrompre Huston. Vous n'aviez pas besoin de remettre ça. Vous aviez déjà le rôle. »

Produit par la MGM, *The Asphalt Jungle (Quand la ville dort)* est devenu un classique du genre policier. Dans ce film noir et réaliste sorti en 1950, la seule touche de lumière est apportée par la « nièce » de Louis Calhern, apparition de quelques minutes incarnée par une Marilyn Monroe en robe noire et brushing élégant. L'œuvre remporte un beau succès, tant auprès de la presse que du public. À chaque projection, les spectateurs acclament ou sifflent bruyamment la jolie fille aux cheveux d'or et aux courbes suggestives dont on a malencontreusement oublié le nom au générique. La MGM reçoit des centaines de lettres qui posent toutes la même question : qui est la blonde qui joue avec Calhern ? Johnny Hyde exulte. Pour lui, c'est certain, Marilyn est en train d'entrer dans la cour des grands, là où elle doit être. Sa vraie valeur va enfin être reconnue. Mais rien ne se passe. Personne ne réagit comme il l'aurait cru. Côté blonde, la MGM a déjà Lana Turner et la Fox Betty Grable. Marilyn ne se décourage pas. Elle continue à prendre des cours d'art dramatique auprès de Natasha et à accepter toutes les séances de photos qui se présentent. Quand lui donnera-t-on véritablement sa chance ? Elle patiente, accepte de jouer la quantité de petits rôles que le bon Johnny soutire pour elle et qu'elle enchaîne à un rythme frénétique. Femme élégante et blasée dans *Right Cross* ; spectatrice de courses de patins à roulettes dans *The Fireball* ; secrétaire pulpeuse et naïve dans *Home Town Story*, pour la seule année 1950.

Quand enfin arrive *All About Eve (Ève)*, de Mankiewicz, un film magnifique, au scénario éblouissant, que récompenseront six oscars. Le jour du tournage, Marilyn est paralysée par la peur. Elle débarque sur le plateau avec une bonne heure de retard et se trompe tellement dans ses répliques qu'il faut de nombreuses prises de vue avant de pouvoir en mettre une en boîte. Tout cela pour quelques minutes. Car derrière les grandes vedettes d'un casting somptueux, Marilyn, encore une fois, n'a qu'un petit rôle, celui de Claudia Caswell, une actrice débutante qui apparaît au bras de George Sanders lors d'une grande réception donnée par Margo Channing/Bette Davis. Les épaules nues, dans une longue robe claire sans bretelles, recouverte d'un vison blanc, elle joue la starlette dont les yeux brillent d'admiration pour la grande étoile déclinante qu'est Bette Davis. Elle incarne la relève, encore gauche et effarouchée, d'un érotisme dont elle ne semble pas avoir conscience et qui la dépasse, dans un monde où, à sa grande surprise, tous (producteurs, metteurs en scène, gens de théâtre ou de cinéma) ressemblent à « des lapins malheureux ». « C'est parce qu'ils le sont », lui réplique le critique cynique interprété par Sanders. « Va les rejoindre, sois gentille et rend-les heureux », lui conseille-t-il en découvrant ses épaules dorées. Et Marilyn s'avance, langoureuse et fatale.

Zanuck, qui produit le film, doit se rendre à l'évidence. Dès que « tête de paille » apparaît sur l'écran, elle écrase tous les autres, Bette Davis et Anne Baxter compris. Il ne peut ignorer les lettres chaque jour plus nombreuses qui affluent à la Fox depuis qu'*Ève* est sorti, réclamant des photos de Marilyn Monroe.

« Quelqu'un falsifie les chiffres ou quoi ?

— Non, patron. C'est bien tout le courrier quotidien qui arrive à l'intention de Miss Monroe.

— Alors, qu'on engage cette fille, se résigne Zanuck.

— On l'a déjà fait, patron, et on l'a virée, objecte quelqu'un.

— Qu'on la reprenne ! hurle le boss. Et mettez-la dans le premier film où il faudra une blonde. »

Marilyn revient à la 20th Century Fox, pour sept ans désormais, dotée d'un meilleur traitement (cinq cents dollars par semaine augmentables tous les six mois) et Natasha Lytess en prime, que l'actrice a incluse sans discussion dans son contrat. C'était le dernier cadeau de Johnny Hyde à une starlette nommée Marilyn Monroe.

Il meurt le 18 décembre 1950.

Sept ans de déception

A priori, Marilyn Monroe est au seuil de la gloire.

Elle s'est fait remarquer et les journalistes l'attendent au tournant, curieux de connaître la suite, de vérifier si le phénomène va aller s'amplifiant ou au contraire sombrer dans l'oubli. Des admirateurs chaque jour plus nombreux collectionnent ses photos. Surtout, le revirement de la Fox lui assure désormais des revenus corrects et lui promet enfin de vrais rôles, avec son nom au-dessus du titre du film, qu'elle espère à sa mesure, au-delà de l'image de fille sexy et évaporée qui l'a fait connaître. Son talent d'actrice, pense-t-elle, est peu à peu admis. En résumé, le nom de Marilyn Monroe commence à circuler sérieusement dans certains milieux. Elle est la playmate le plus souvent à la une des magazines. On la réclame partout. Elle devrait être heureuse.

Mais Johnny Hyde vient de mourir. Sa famille a formellement interdit la présence de la provocante starlette à ses obsèques. Ce jour-là cependant, une jeune personne aux formes avantageuses et mèches blondes plus ou moins bien dissimulées sous une mantille noire, appuyée au bras d'une femme d'un certain âge qui ressemble étrangement à Natasha Lytess, s'invite, aussi discrètement qu'il lui est possible (c'est-à-dire assez peu), à la cérémonie. Désespérée d'avoir perdu l'ami qui croyait tant en elle, son précieux soutien, son « père », elle se serait jetée sur son cercueil en sanglotant, scène qu'elle a racontée elle-même plus tard, reprise dans tous les ouvrages. On imagine le scandale. Car la voici seule à nouveau, abandonnée encore une fois, avec ses doutes et ses fantômes, et l'avenir plutôt excitant qu'elle a devant elle ne suffit pas à la retenir du côté des vivants, à lutter contre l'appel du gouffre, ce désespoir qui revient par vagues la submerger après des périodes d'exaltation folle, lui rappelle d'où elle vient, ce qu'elle a souffert, le piège blond dans lequel elle s'est enfermée, et qui risque de l'asphyxier un jour ou l'autre.

24 décembre 1950 au matin.

Après une petite période de rémission, sa mère est finalement retournée à l'asile. Son père n'a jamais voulu d'elle. Elle est seule, désespérément. Actrice médiocre, fille perdue. Dans la glace, son reflet la dégoûte. Au prix de quelle dénaturation en est-elle arrivée là ? Un facteur se présente avec un gros colis, envoyé par Johnny Hyde la veille de sa mort. La sensible créature ne s'attendait pas à recevoir un cadeau ce jour, encore moins d'outre-tombe. Il s'agit d'une étole de vison. Une étole de vison pour sa princesse, son étoile. Petite princesse

rattrapée par le néant qui avale alors tous les médicaments de sa pharmacie et laisse un mot à l'attention de Natasha sur la porte. Première fausse
sortie en direction des coulisses éternelles. Elle
est, cette fois, sauvée de justesse par l'arrivée de
Natasha Lytess, et en sera quitte pour un lavage
d'estomac suivi d'un court séjour à l'hôpital. On
échappe comme on peut au supplice de Noël. La
mort attendra donc. Pour l'heure, il faut rendosser
le costume de blonde et présenter, entre deux
larmes, son plus radieux sourire aux caméras.
L'année 1951 doit être décisive sur le plan professionnel : soit elle consacrera Marilyn Monroe, soit
elle la renverra définitivement au néant dont elle
est venue.

Dès janvier, la 20th Century Fox s'empresse de
donner un petit rôle à sa nouvelle blonde, au sein
d'une insignifiante comédie réalisée par Harmon
Jones, *As Young as You Feel (Rendez-moi ma
femme)* : celui d'Harriet, secrétaire sexy et naïve
qui roule des hanches, engoncée dans des robes
laissant assez peu de place à l'imagination. L'avalanche de lettres que reçoivent les studios dès la
sortie du film devrait en principe convaincre Zanuck que Marilyn Monroe est bien trop belle et
sensuelle pour incarner les perpétuelles secrétaires,
que sa voix très singulière, sa coiffure, ses courbes
évocatrices, ses intonations, sa démarche et les ex-
pressions de son visage, désormais bien au point,
commencent à pénétrer l'inconscient des spectateurs. Il n'en est rien. Zanuck ne réagit toujours

pas, fixé sur la platitude du jeu de la petite actrice. La « secrétaire », soumise et serviable, est un fantasme masculin, au même titre que l'infirmière ou l'hôtesse de l'air[*]. Darryl Francis Zanuck ne voit pas Marilyn Monroe à une autre place. Fantasme elle est, fantasme elle doit rester.

À ce stade, il faudrait essayer de montrer ce que Johnny Hyde a décelé, ce que Zanuck ne discerne toujours pas, ce pourquoi Marilyn Monroe va jaillir d'entre toutes les starlettes girondes de Hollywood, se distinguer de la masse et devenir le plus puissant sex-symbol du monde. Pourquoi elle ? Pourquoi cette fille « figée », sans talents, « parfaitement terne » (dixit un de ses partenaires acteurs), factice et à bien des égards pitoyable. Expliquer le magnétisme, la force insensée d'attraction, la dépendance qu'elle va engendrer chez les autres. À quelle nécessité, réelle ou pas, elle va répondre. Car en ce début 1951, la créature est à peu près achevée. Les cheveux ont trouvé leur juste décoloration, le maquillage est terminé, la silhouette parfaitement modelée, les poses et les effets bien réglés. Toutefois, cela suffirait-il pour créer l'événement ? Certainement pas. Marilyn est-elle plus rondelette, plus pulpeuse que les autres actrices de son temps ? Pas vraiment. Mais depuis la découverte qu'elle a faite un jour au collège, elle a compris le pouvoir d'un vêtement trop

[*] Fantasme auquel participe d'ailleurs Marilyn qui à plusieurs reprises au cours de sa vie « jouera » la secrétaire de plusieurs de ses amants, déguisée, travestie, dissimulée sous des perruques et derrière de sages lunettes, dans un petit tailleur strict.

petit, comment tirer avantage de toutes les parties de son corps, comment paraître suggestive, éloquente, provocante. Artifice et outrance qui excitent l'intérêt de la presse toujours en quête de sensationnalisme. Et dans le même temps, une fragilité à fleur de peau éminemment perceptible, une détresse palpable.

En effet, si le spectateur est ébloui par l'image blanche, tout en courbes, étincelante, fraîche et pure de la jeune Marilyn Monroe à l'écran, c'est aussi parce qu'il devine qu'entre deux prises de vue, les techniciens de plateau sont obligés d'aller la dénicher dans le recoin où elle est partie se recroqueviller pour pleurer tout son saoul et être véritablement elle-même : un être misérable et abandonné, sans aucune confiance en elle, que la présence de Natasha Lytess ne parvient pas entièrement à rassurer. C'est pourquoi Marilyn va éveiller chez les hommes comme chez les femmes une foule de sensations diverses (du désir à la compassion) mais jamais hostiles. Tous saisissent assez vite que la blonde fatale prénommée Joyce qui apparaît dans une autre comédie de la Fox tournée en avril, *Let's Make It Legal (Chéri, divorçons)*, nymphette/mannequine désireuse d'épouser un millionnaire (autre thème récurrent), avec bouche lippue et mouche bien en vue désormais, comme la pulpeuse Roberta qui vient perturber, la même année, la vie du sympathique couple new-yorkais de *Love Nest (Nid d'amour)*, n'est qu'une illusion, un effet spécial de cinéma qui s'évanouit une fois les projecteurs éteints. Ce n'est pas évident ni affiché, mais latent dès les premiers rôles de Marilyn. Si elle est fatale, elle n'est jamais vamp, sûre d'elle, arrogante ou inaccessible, comme l'était Jean Harlow. Simple et douce, elle ne demande qu'à être aimée, toujours pleine d'humanité, de bonté, d'ingénuité, même quand elle surgit en maillot de bains au bord d'une piscine (dans *Chéri, divorçons*), avec ses cuisses potelées, son maquillage excessif et ses bijoux, ses intentions bien définies de séduire à tout prix l'homme riche dont tout le monde parle. On perçoit la faille. On décèle l'orpheline, la malheureuse hantée par la folie et par la mort, l'injustice réparée, la revanche prise sur un mauvais départ. Le septième art est fait pour créer du désir. Et de l'identification. Avec Marilyn il avait trouvé l'incarnation parfaite du rêve américain. Il s'agissait de ne pas le briser. Les médias, et elle par-dessus tout, allaient se charger de l'entretenir.

En attendant, la star en puissance est autant à l'étroit dans ses vêtements que dans les emplois que continue de lui donner la Fox. Si Marilyn/Joyce, véritable bombe érotique, ne l'emporte pas sur une Claudette Colbert toujours piquante mais tout de même vieillissante, c'est autant à cause des nombreuses faiblesses d'un scénario peu crédible qu'à une erreur supplémentaire de Zanuck qui persiste à confiner Marilyn au second plan, alors qu'on ne voit qu'elle. Dans ces navets enchaînés les uns après les autres, où la médiocrité de l'écriture est compensée seulement par les scènes où apparaît Monroe (scènes qu'on croirait ajoutées à l'intrigue, sous le seul prétexte de montrer la blonde dont tout le monde parle dans les tenues vestimentaires les plus affolantes), on ne retient qu'elle. Pas uniquement parce qu'elle est belle, sexy, aguicheuse. Aussi et surtout parce qu'elle est seule, toujours, sans famille ni attache, sans passé, surgissant de nulle part au beau milieu d'une histoire étrangère avec ses froufrous, ses minauderies, son air ingénu, surpris et confiant, son besoin d'être aimée. En permanence, elle joue sur les deux tableaux. Sur l'écran comme auprès des journalistes à qui elle a tôt fait de raconter son enfance difficile et malheureuse, l'orphelinat, et ses deux parents morts, ce qui n'est chez elle ni un mensonge ni un calcul carriériste. Juste une des vérités du monde de chimères où elle s'est réfugiée. Et Johnny Hyde qu'elle pleure encore. Marilyn a la larme facile, une façon de répondre aux interviews avec de grands yeux tristes et plaintifs, l'instant d'après pétillants de malice et d'effronterie. Et pour envelopper le tout, quelque chose de nouveau qui commence à s'affirmer et sera une des marques de fabrique de l'actrice : l'humour, le sens de la repartie, de la petite phrase, de la manipulation. Monroe l'irrésolue, l'indécise, la si peu sûre, fera souvent preuve auprès des médias d'un esprit incisif et percutant, une manière efficace de casser son image. Elle commence à s'y employer, consciente que mieux vaut paraître plus fort qu'on ne l'est. Insaisissable Marilyn qui continue à poser pour les publicités les plus stupides, en short et hauts talons, à jouer la blonde de service pour n'importe quel événement sportif ou autre, et se balade en permanence avec des livres de Proust et de Freud sous le bras, prétendant s'être inscrite à un cours de littérature du soir à l'université de Californie.

Marilyn Monroe excite et émeut. À peu près tout le monde, des techniciens chaque fois plus nombreux sur les plateaux les jours où elle tourne, au point qu'il faut rapidement en bloquer les accès, aux simples anonymes. Voilà pourquoi elle s'impose peu à peu, à la barbe de Zanuck.

À l'automne 1951, la Fox augmente son salaire. La starlette n'est pas loin de bénéficier du traitement d'une star, les rôles en moins. La prophétie de Johnny Hyde est en train de se réaliser. Curieux statut toutefois, situation inédite d'une femme consacrée étoile avant d'être confirmée actrice. Grâce à ses nouveaux moyens, Marilyn s'entoure, se paie une compagnie. Elle engage une conseillère financière (femme à tout faire chargée entre autres de veiller sur sa mère et de la faire transférer dans une meilleure maison de soins), et s'attache les services de Natasha Lytess de façon permanente et onéreuse. Elle a de l'argent désormais. Elle peut tout se permettre, tout s'offrir. Poursuivre certains rêves de petite fille. Ainsi, elle embauche un détective pour retrouver celui qui est censé être son père et dont la photo ne la quitte pas. Le privé fait bien son travail et fournit à Marilyn son téléphone et son adresse. Sur l'insistance de Natasha, Marilyn appelle tout de même Stan Gifford avant de débarquer sans crier gare comme elle en avait l'intention. Sa nouvelle femme lui transmet le message : Gifford refuse de lui parler. Et si elle a des réclamations à faire, qu'elle contacte son avocat à Los Angeles.

La petite fille s'écroule en pleurant. *Every Baby Needs a Da-Da-Daddy*. N'y aurait-il donc pas sur terre un Daddy qui voudrait d'elle ?

Ils étaient tous son père
(*intermède*)

Arthur Asher Miller a trente-six ans, le front haut, le cheveu noir quasi crépu gominé en arrière d'un crâne plus ou moins dégarni, de grosses lunettes rondes, une cigarette ou une pipe nerveuse au coin du bec. Il est grand et sec, presque maigre, avec une toute petite tête surplombant son corps d'échalas. Le visage émacié, hiératique, des yeux noirs, un menton minuscule, les oreilles légèrement décollées. Cravates et costumes sombres, aucune fantaisie. Un physique austère, la caricature de l'intellectuel, avec un faux air d'Abraham Lincoln. Arthur Miller est le deuxième rejeton d'une opulente famille juive new-yorkaise (son père était propriétaire d'une usine de huit cents employés). Le décor principal de son enfance brisée : un magnifique appartement sur Central Park. Une enfance brisée à partir de 1929 par la ruine financière et le désespoir de ses parents. Effondrement qui marque le début de son engagement politique. Arthur Miller est marié à une jeune fille catholique, Mary, qui partage ses convictions de gauche et qu'il a rencontrée à l'université en 1936.

Ils ont deux enfants, ne sont pratiquants ni l'un ni l'autre. Ses trois dernières pièces, *All my Sons* (Ils *étaient tous mes fils*) créée en 1947, *Death of a Salesman* (*Mort d'un commis-voyageur*) en 1949, et *An Enemy of the People* (*Un ennemi du peuple*) — adaptation d'un drame d'Ibsen — en décembre 1950, ont consacré Arthur Miller comme le plus grand dramaturge américain de son époque. L'homme a pris de l'assurance et va jusqu'à afficher une certaine arrogance. Soupçonné d'être communiste, il est dans la ligne de mire de la Commission d'enquête sur les activités anti-américaines.

Au début de l'année 1951, il se trouve à Los Angeles pour un projet de scénario. Son (encore) ami Elia Kazan, qui a brillamment mis en scène *Mort d'un commis-voyageur* au théâtre et vient de remporter un succès époustouflant avec l'adaptation cinématographique d'*Un tramway nommé désir*, est persuadé que Miller, à l'étroit dans son couple, étouffé par sa morale traditionaliste, sa droiture et son sens de l'honneur, brûle en réalité de mille feux et a besoin de s'encanailler un peu. Il rêve d'en faire un de ses compagnons de débauche (Kazan, bien que marié, n'a pas les mêmes scrupules que Miller) et lui fait connaître le milieu du cinéma, les réceptions sulfureuses dans les villas de Beverly Hills, l'entraîne dans les studios, derrière les décors, sur les plateaux, au fond des loges.

C'est là, entre deux claps et sous une couche épaisse de poudre, qu'il croise pour la première fois « l'être le plus triste qu'il ait jamais rencontré[1] », une fausse blonde de vingt-quatre ans et demi, actrice de second rang, confinée dans les rôles d'idiote, autour de qui tout le monde virevolte avec un affolement vulgaire, et que Kazan convoite sans prendre de gants depuis la mort de Johnny Hyde. Une poule. Bimbo face à éminence grise. En principe, deux univers à l'opposé l'un de l'autre, destinés à ne jamais se rencontrer, totalement inaccessibles l'un à l'autre. Par conséquent pur fantasme l'un pour l'autre. Marilyn rêve de côtoyer des intellectuels, recherche l'estime et le respect qu'à Hollywood où on la prend, elle le sait, pour une idiote ou une putain, elle a peu de chances d'obtenir. Marilyn Monroe aspire à une reconnaissance au-delà du corps, elle brûle d'apprendre, de se cultiver, de s'enrichir, de combler les vides de sa malheureuse éducation. D'être légitimée. Quant à Miller, il se trouve tout simplement devant la plus belle femme que, même dans ses délires les plus débridés, il ait jamais osé imaginer. Trop belle, bien trop belle pour lui. La blonde sexuelle est fascinée par l'homme en noir, son esprit brillant, sa respectabilité, son âge. Elle bégaie et supplie du regard. Le dramaturge voit son corps vibrant en même temps que ses yeux rouges, gonflés, ses cernes d'insomnie. Il entend un appel au secours. Il prend de plein fouet cette incohérence qui a mis une âme d'enfant perdue dans un corps de déesse. Il éprouve déjà du désir et de la culpabilité. Il regarde Kazan poser ses grosses mains sur la peau blanche de l'Ève vaporeuse. Et il se flagelle violemment pour se punir de ses pensées impures.

Au cours d'une grande réception donnée en son honneur chez un producteur, Arthur Miller danse avec la tentation et l'assentiment de Kazan, du genre prêteur. Les yeux captivés, éblouis, réduit à l'état primitif de la seule pulsion, l'intellectuel cède peu à peu à la promesse de la chair. Des témoins ont raconté avoir vu Miller, les joues en feu, caresser le pied de Marilyn*. Pour les uns, ils deviennent amants dès cette date et le seront à chaque séjour de Marilyn à New York. C'est peu probable. Ce qui est certain, en revanche, c'est qu'il y a trouble réciproque et qu'un lien se tisse entre eux, un désir que vont nourrir la séparation et l'interdit. Écartelé entre son devoir et son envie, attrapé à son tour dans ce dilemme vieux comme l'humanité, Miller retarde son retour dans sa ferme du Connecticut où l'attendent Mary et ses enfants. Kazan, Marilyn et lui forment un trio étrange : les deux premiers sont amants pendant que le troisième tient la chandelle, parle littérature avec lui et bande follement pour elle. Quant à la starlette, elle donne son corps au metteur en scène dans l'espoir qu'il lui offrira un rôle (ce qui ne se produira jamais). C'est sans importance — depuis que Mr Kimmel en a brisé les frontières, son corps est à tout le monde. Tout en suppliant du regard le dramaturge qu'elle a bien conscience de rendre

---

* Dans son autobiographie, Miller prétend n'avoir même pas parlé à Marilyn lors de cette réception.

fou et qui finit par se décider à fuir au plus vite. Son mariage et sa santé mentale sont en jeu.

À l'aéroport, Kazan a l'idée pernicieuse d'amener pour la scène des adieux une Marilyn à croquer, portant « une jupe beige, un chemisier en satin blanc, une raie sur le côté droit[2] », dernière image que Miller, chancelant, emporte dans ses bagages. Après avoir échangé son adresse avec la pécheresse, il repart pour la côte Est retrouver femme, progéniture et machine à écrire, et promet à la petite actrice de lui donner des nouvelles.

Marilyn Monroe retourne à son mensonge blond, gorge offerte et tenues de plus en plus audacieuses. Dans un coin de sa tête, elle installe l'idée totalement farfelue d'épouser un jour Arthur Miller et place sa photo sur sa table de chevet. En attendant, elle couche avec Elia Kazan.

Sept ans de déception (*suite 1*)

Fin 1951, rares sont les semaines où Marilyn Monroe ne figure pas à la une d'un magazine, *cover girl* préférée des militaires et du journal qui leur est destiné, *Stars and Stripes*. La Fox l'a « prêtée » à la RKO pour tourner dans *Clash by Night* (*Le Démon s'éveille la nuit*), un film de Fritz Lang avec Barbara Stanwyck. Elle est la maîtresse d'un des plus grands réalisateurs américains et entretient une correspondance avec un éminent dramaturge. Elle reçoit trois mille lettres de fans par semaine. Elle, Marilyn Monroe, ex-Norma Jeane Mortensen refoulée d'un peu partout, sans éducation, sans famille, étouffée, abandonnée, violée.

Mais ça ne suffit pas. Il y a bien trop à effacer, à venger. Elle a vingt-cinq ans, un âge limite à Hollywood. Il s'agit de ne plus perdre de temps. En elle toujours, cette insatisfaction chronique, cette quête sans objet, ce complexe d'infériorité, qui l'empêchent, croit-elle, de progresser. Marilyn prend désormais des cours d'art dramatique avec un nouveau professeur et se prépare le mieux possible à ses rôles avec Natasha Lytess. Sur les plateaux, malade de peur, de honte de mal jouer, elle vomit avant les prises. Il lui faut Natasha, envers et contre tout, même contre Fritz Lang qui s'oppose à la présence de l'indésirable dame en noir. Mais la petite actrice est terrifiée par l'imposant réalisateur. Elle oublie ses répliques, sujette à des bouffées de chaleur et des vertiges. Obstinée, elle finit par obtenir que Natasha ne la quitte pas d'une semelle et lui tienne même la main pendant les gros plans. Toute l'équipe l'épaule et n'a d'yeux que pour elle.

« Bon sang, il n'y en a que pour cette garce de blonde ! s'écrie même Paul Douglas, qui partage la vedette avec Barbara Stanwyck.

— Que veux-tu, Paul, elle est jeune et bien plus belle que nous, soupire celle-ci[1]. »

Continuer à faire semblant d'être heureuse, d'être jouisseuse, d'être vivante. Marilyn rayonne devant les caméras et s'effondre derrière. Elle voudrait être aimée pour qui elle est et non pour le phénomène blond qui la dévore à petit feu. Mais, et c'est le cœur de sa tragédie, n'est-elle pas la première à l'entretenir et à en user quand il le faut ?

À la fin de l'année, au moment où Kazan, las de ses charmes, rompt avec elle pour passer à une autre, Marilyn décide de frapper un grand coup : le soir du dîner de la convention commerciale de la Fox où sont réunies toutes les grandes étoiles de la maison (de Gregory Peck à Lauren Bacall), sans compter les dirigeants, les agents publicitaires et des centaines de personnes du milieu, elle débarque une heure après tout le monde, alors que tous sont déjà assis et ont commencé à manger. Le brouhaha assourdissant de la pièce laisse soudain place à un silence lourd d'éloquence. La silhouette époustouflante de la blonde radieuse, angélique dans une robe noire sans manches, peau diaphane et somptueuse débordant de toutes parts, est apparue dans l'encadrement de la porte. Elle prend son temps, calcule son effet, arbore le plus assuré des sourires. Auparavant, elle a passé la journée à se donner du courage. Elle a régurgité sa haine de soi, avalé quelques euphorisants, un peu de champagne. Elle a essayé mille robes, s'est trouvée moche et boudinée, vulgaire, sans distinction. Elle a consacré des heures à se maquiller, à se coiffer, à se masquer. À rendosser le rôle.

Et quand elle s'est sentie prête, elle est entrée en scène.

Dans l'assistance, les femmes prennent un coup au ventre. Les agents ont déjà des chiffres plein la tête. Les hommes sont aux abois. Le président de la 20th Fox ordonne qu'on fasse de la place juste à côté de lui, à la table d'honneur, à la jeune personne qui vient d'arriver. Le lendemain, Zanuck reçoit l'ordre de traiter dorénavant Miss Monroe comme une star et de miser sur elle en termes publicitaires (photographies, presse, opérations promotionnelles de tout ordre). Mais Marilyn est sans nul doute le meilleur artisan de son propre battage médiatique. Désormais elle sait comment s'y prendre. L'époque est loin déjà où elle n'était qu'une petite ouvrière en salopette, les cheveux frisés et le sourire ingénu, qui emballait des parachutes et bégayait dès qu'elle ouvrait la bouche. À présent, toutes les occasions sont bonnes pour se faire remarquer, faire parler d'elle. Attirer les regards ? Manipuler les journalistes et les mettre dans sa poche ? Un jeu d'enfant. Elle se débrouille comme un chef, n'hésitant plus à dépasser les bornes. Lors de la soirée de remise de l'Henrietta Award au tout début de l'année 1952, Marilyn se présente dans une robe bustier si petite, si échancrée que la moitié de ses seins jaillit au grand jour. Pour la première fois, on l'accuse d'avoir poussé la provocation trop loin. La presse — c'est-à-dire plus de quatre cents journaux — dénonce l'obscénité de sa tenue, tout en publiant abondamment les photos du délit, et la Fox, prudente, les censure pour éviter tout problème avec la police des mœurs. Marilyn joue les fausses candides, s'étonne de l'hypocrisie ambiante et pose de sa petite voix la question suivante : « Au lieu de chercher à savoir jusqu'où une jeune femme peut laisser deviner la naissance de sa poitrine, il vaudrait peut-être mieux se demander s'il est préférable qu'elle en ait ou pas. Non[2] ? »

Elle est bien décidée à profiter des remous qu'elle déclenche et à aller jusqu'au bout de sa composition. Les excentricités de Marilyn Monroe, croit-elle, ne la touchent pas directement. C'est son personnage public, son Charlot à elle. Sa doublure. Quand elle rentre chez elle, elle l'accroche au portemanteau. L'ennui, et à la différence de Chaplin, c'est qu'elle est quasiment la seule à le savoir. Très peu sont ceux en effet qui font la différence entre la femme grimée et l'autre. L'autre, précisément, a bien conscience d'atteindre peu à peu la notoriété à travers sa poupée blonde et non grâce à ses performances d'actrice. Malentendu qui la plonge dans de profondes crises de dépression. Mais 1952 commence à peine, elle n'a pas perdu l'espoir encore de se débarrasser un jour de l'encombrante créature. Ni qu'un homme l'aime plus longtemps qu'une nuit, souhaite l'épouser et lui faire des enfants. Un jour, bientôt. Arthur Miller ? Avec lui, quelle incroyable revanche ce serait, et quel pied de nez à ceux qui la prennent pour une idiote. Un jour, peut-être...

Le vent en poupe, Marilyn Monroe tourne dans une nouvelle comédie de la Fox, *We're not Married* (*Cinq mariages à l'essai*), assemblage de petites histoires sur les réactions de différents couples quand ils apprennent qu'ils ont été mariés illégalement. La blonde incarne Annabel, jeune reine de beauté couronnée Miss Mississippi, qui aspire à devenir « la femme la plus célèbre des États-Unis » et défile sur les podiums en maillot de bain, tandis que son époux reste à la maison s'occuper de leur bébé. Rien de nouveau pour l'actrice, pin-up aux cuisses rebondies et dont les seins grossissent à vue d'œil de film en film, dans cette production où elle joue la fille sexy et naïve d'un scénario faible et sans grande originalité. Pourtant, au même moment, les dirigeants de la Fox qui ont visionné le montage de *Le Démon s'éveille la nuit* et sont ressortis convaincus par les progrès de Marilyn, pensent à elle pour incarner la baby-sitter psychotique et infanticide d'un drame de Roy Baker, *Don't Bother to Knock* (*Troublez-moi ce soir*). Un premier rôle, enfin, et complètement à contre-emploi. Curieux choix. Marilyn exulte, elle a l'occasion de faire ses preuves et se met aussitôt à travailler d'arrache-pied avec Natasha (cette dernière plus réservée, peu sûre qu'elle soit prête pour une si lourde performance). C'est pendant le tournage difficile de ce film, alors que Monroe est vraiment au seuil de la célébrité absolue, qu'éclate le fameux scandale du calendrier.

Elle l'avait presque oublié. Cinq ans avaient passé, déjà. Depuis, beaucoup d'eau avait coulé sous les ponts. Mais le passé la rattraperait toujours, il n'y avait rien à faire, jamais. Sans cesse, il y aurait des gens pour fouiner dans sa vie. La prescription n'existerait pas pour elle.

Une bombe. L'information est brûlante, elle occulte d'un coup tout le reste et prend l'ampleur d'une consternation nationale : celle que les journalistes de *Life* viennent de surnommer la « coqueluche de Hollywood », la petite orpheline de Van Nuys, a posé pour un calendrier dans le plus simple appareil !

Marilyn est effondrée. Quelle malchance, quelle poisse ! Juste au moment où on lui confie un rôle « sérieux », c'est un véritable coup dur, un affreux discrédit. Atterré, le studio tente en vain d'étouffer l'affaire puis demande à l'actrice de démentir. Elle s'y oppose. C'est elle. La superbe blonde/rousse à la peau mordorée, aux tétons rouges, lovée nue dans le velours, c'est bien elle. Pour un peu, elle le revendiquerait haut et fort. Malgré la pression amicale de la Fox, Marilyn choisit, à ses risques et périls, de dire la vérité, tremblante devant les journalistes : elle était sans le sou, ne savait pas comment payer son loyer et récupérer sa voiture à la fourrière. On lui a proposé cinq cents dollars, elle n'avait pas le choix. Le 13 mars 1952, la presse publie les aveux touchants de « l'orpheline », et alors que la 20th Century Fox estime désormais sa carrière brisée, c'est le contraire qui se produit. Le public est bouleversé. L'émotion l'emporte sur la condamnation morale. La pauvre enfant en a vraiment bavé, la vie ne lui a pas fait de cadeaux. Du reste, les photographies, très belles, très douces, ne sont pas obscènes (et vont désormais s'arracher à prix d'or). La sincérité a payé. Au lieu d'être ensevelie par l'hypocrisie puritaine, Marilyn Monroe a gagné le cœur des gens. Et le haut de l'affiche.

Quand sort *Le Démon s'éveille la nuit*, son nom s'étale face à celui de Barbara Stanwick, en lettres égales. Le rôle qu'elle y tient est lourd, à double tranchant, et Natasha Lytess l'avait pressenti, Marilyn n'y est pas très à l'aise. Cependant, le film est un succès au box-office. Parce que c'est elle. Le public s'est entiché de la blonde ondulante à la voix effarouchée. Les grands patrons des studios le comprennent en se frottant les mains, et vont dès lors se servir d'elle comme appât publicitaire. Donnez n'importe quoi à Miss Monroe, même une ou deux répliques, du moment que son nom et sa démarche de balancier assurent la promotion du navet en question. Dorénavant, Marilyn Monroe ne peut plus sortir dans la rue, dans un restaurant, n'importe où, sans être reconnue et poursuivie.

L'ours et la poupée
(*deuxième intermède*)

Joseph Paul DiMaggio est grand, carré, le cheveu noir gominé, le teint hâlé. Une armoire à glace. Une vraie montagne. De petits yeux noirs et secs, un sourire féroce, les dents du bonheur, un visage dur d'inflexible macho. Joe DiMaggio ne respire pas forcément l'intelligence, pas plus que la douceur. Il incarne davantage la puissance et l'intransigeance. Depuis qu'il a pris sa retraite des Yankees l'année précédente, après dix-neuf ans de bons et loyaux services, il a troqué sa tenue de joueur de base-ball contre des costumes plus élégants et m'as-tu-vu, chaussures brillantes et cravates en soie. Avec sa carrure d'athlète il en impose désormais autant en smoking, dans les restaurants qu'il possède, où l'on mange des pâtes et parle de sport toute la nuit, qu'auparavant sur un stade. Joe DiMaggio est né le 24 novembre 1914 à Martinez, près de la baie de San Francisco où il a grandi. Fils d'immigrants italiens, il a commencé à jouer au base-ball à l'âge de dix-huit ans avec l'équipe locale. Son talent exceptionnel aussitôt remarqué, il est mis sous contrat par la célèbre équipe des Yankees de New York dont il devient la figure de proue mythique et inégalée jusqu'en 1951, pulvérisant tous les scores, détenant tous les titres. Déjà superstar, il est engagé volontaire en 1943 et choisit d'échanger son salaire mirobolant contre une petite solde de cinquante dollars par mois. N'oubliant ni ses racines ni l'époque où il n'était qu'un pauvre gosse d'étrangers dans les rues de San Francisco, DiMaggio crée une fondation qui vient en aide aux enfants défavorisés et leur offre un accès gratuit aux soins médicaux. À trente-huit ans, Joe DiMaggio est un héros national. Symbole lui aussi de la réussite et du fameux rêve américain, il est adulé par des millions de personnes. Divorcé, un fils, le grand sportif est plus à l'aise au sein de longues tablées masculines qu'auprès de jolies filles dont il ne s'encombre pas longtemps. Peu disert, fruste, l'homme possède de toute façon un avis assez tranché sur la place à accorder aux femmes : au lit, à la cuisine, à la maison. Depuis qu'il est séparé de son épouse, on le voit plus souvent au côté de ses amis italiens, parmi lesquels Frank Sinatra, qu'en galante compagnie. Il aime boire, manger et regarder la télévision (les matchs en particulier).

Il y a quelque temps, dans un magazine de base-ball, l'attention de Joe Di Maggio a été attirée un instant par une photographie assez peu sportive. Elle représentait un joueur très connu tenant dans ses bras une adorable jeune personne, montée sur de hauts talons noirs, vêtue d'un mini-short blanc, d'un petit pull beige très moulant et d'une casquette sombre, à qui le sportif était censé enseigner comment tenir une batte. « Le lanceur Joe Dobson, des Chicago White Sox, supervise la forme de la starlette Marilyn Monroe, tandis que le joueur Gus Zernial rattrape la balle. Marilyn, une passionnée de base-ball, a appris quelques trucs de professionnel lors de sa visite à l'équipe de Chicago pendant l'entraînement », sous-titrait la légende. Devant tant d'inepties, Joe DiMaggio a haussé les épaules mais il a songé que, pour une fois, ça ne lui aurait pas déplu d'être à la place de Joe Dobson. Et avant de ne plus y penser, il a tout de même posé à un ami la question suivante : « C'est qui cette blonde ? »

Au printemps 1952, Joe DiMaggio ne peut plus vraiment ignorer qui est Marilyn Monroe. Elle, en revanche, si elle a déjà entendu parler de DiMaggio et sait qu'il est très célèbre, ne voit pas très bien dans quel secteur il peut bien travailler. Car évidemment elle ne connaît absolument rien au base-ball et s'en soucie comme de sa première chemise. Mais d'autres avaient décidé que ces deux-là avaient quelque chose, sinon à se dire, du moins à faire ensemble. C'est donc un ami commun à la « coqueluche de Hollywood » et au plus célèbre retraité des États-Unis qui organise leur rencontre dans un restaurant de Sunset Boulevard.

Marilyn (elle l'a beaucoup raconté plus tard) n'est pas très enthousiaste à l'idée de dîner en compagnie d'un sportif fort en gueule (d'après ce qu'on lui a dit), qu'elle imagine baratineur, prétentieux, habillé comme pour un tournoi. Elle ne voit pas très bien son intérêt. Un amant de plus ? Elle n'en a guère besoin : quand elle a peur de dormir seule, reprise par ses terreurs nocturnes, son vieux complice Robert Slatzer est toujours dans les parages. Elle partage aussi ses nuits avec un jeune acteur grec rencontré à la Fox. Quant à l'avenir, elle se réserve dans un coin de la tête un certain Arthur Miller. Alors la soirée avec l'Italien, elle s'en passerait bien et, à la dernière minute, tente de se décommander sous prétexte qu'elle est très fatiguée. Mais l'autre insiste. DiMaggio repart bientôt pour la côte Est (lui aussi), il est simplement de passage à Los Angeles. C'est l'occasion ou jamais. Marilyn cède et arrive au Villa Nova Restaurant en retard, traînant des pieds. Éblouissante de beauté, comme entourée de lumière. Une première surprise l'attend à table : Joe DiMaggio ne ressemble pas du tout à l'idée qu'elle s'en était faite. Il porte un costume simple, mange à peine, ne cesse de la regarder et semble d'une timidité maladive qu'elle connaît bien mais ne sait pas si elle doit l'attribuer à sa nature profonde ou au trouble qu'elle a fait naître chez lui. Il n'ouvre quasiment pas la bouche de la soirée et se montre d'une gentillesse désarmante envers Marilyn. Deuxième stupeur : elle se sent irrémédiablement attirée par lui. C'est même la première fois qu'elle désire physiquement, aussi puissamment, le corps d'un homme.

Cette nuit-là, Joe DiMaggio ne rentre pas à son hôtel. Il diffère même son départ pour New York. Marilyn Monroe a commencé à l'appeler « Dad » et elle l'accueille dans son petit appartement à l'angle de Doheny Drive et de Cynthia Street, où elle a posé à même le sol, pour quelque temps, ses perpétuels cartons de déménagement.

Pendant le tournage des *Désaxés*, 1960.

« *Je suis une des dernières étoiles liées à la terre.
Et tout ce que nous voulions était notre droit
à scintiller.* » *(1962)*

2 Avec sa mère, Gladys Baker, vers 1929.

3 Norma Jeane, à droite, lors d'un goûter d'anniversaire, vers 1936.

4 Derrière Norma Jeane, Ana Lower, sa tante d'adoption, vers 1938.

*« Je n'ai jamais eu l'habitude du bonheur,
c'est pourquoi je n'ai jamais considéré qu'il allait de soi.
J'ai été élevée différemment du petit Américain
moyen qui grandit avec l'idée qu'il va être heureux. »
(1954)*

5 Mariage avec Jim Dougherty, le 19 juin 1942.

6 Avec Joe DiMaggio, le 14 janvier 1954.

7 Avec Arthur Miller, le 29 juin 1956.

8 Vers 1944.

9 1947.

10 1948.

11 Vers 1950.

De Norma Jeane Baker à Marilyn Monroe

1955.

Derrière l'écran

« À l'aide À l'aide /
À l'aide je sens la vie /
S'approcher / Quand
moi je ne veux que
mourir. » (1958)

« Comme femme,
j'ai raté ma vie. Les
hommes avec qui je
suis attendent trop
de moi, à cause de
l'image de sex-symbol
qu'on a faite de moi,
que moi-même j'ai
faite de moi. » (1962)

16 Vente Christie's,
New York,
le 22 octobre 1999.

Sept ans de déception (*suite 2*)

Battant le fer tant qu'il est chaud, la Fox fait jouer sans attendre à Marilyn le rôle d'une prostituée dans un autre film de série B, O. *Henry's Full House* (*La sarabande des pantins*), simple leurre pour draguer le chaland puisqu'elle n'apparaît en réalité à l'écran qu'à peine quelques minutes, boudinée dans une robe trop serrée, les seins énormes. Dans la foulée, elle enchaîne avec *Monkey Business* (*Chérie, je me sens rajeunir*), où elle incarne encore et toujours une secrétaire bien en chair, innocente comme l'agneau, mélange de fraîcheur et de luxure, qui ondule dans une robe serrée sur sa forte poitrine avant que, par un détour bien hasardeux et sans grande justification, le scénario finisse par l'exhiber en maillot de bain au bord d'une piscine. Cette fois cependant, le film n'est pas insignifiant. Seul l'emploi donné à Marilyn est, comme d'habitude, peu gratifiant. Il met en scène deux très grandes vedettes du moment, Cary Grant et Ginger Rogers, et il est réalisé par Howard Hawks. Ce grand maître de la comédie est sans doute un des premiers à percevoir chez la plantureuse actrice, réduite presque toujours jusque-là au statut de belle gourde, le potentiel burlesque. Marilyn Monroe n'est pas seulement sexy, elle peut être drôle. Elle possède même un humour fou, un sens de la dérision communicatif qui crève l'écran. Ne pas exploiter cette fibre relève du gâchis. Dans *Chérie, je me sens rajeunir*, son comique inné est bien plus subtil que celui de Cary Grant ou de Ginger Rogers, qui se limite à des mimiques forcées et à des pitreries en tous genres. Seulement, Marilyn ne l'entend pas de cette oreille et brûle d'incarner une grande héroïne tragique. Le drame ou la tragédie, croit-elle, sont les seuls domaines où un acteur peut révéler son talent et surtout obtenir la reconnaissance de ses pairs. C'est peut-être aussi ce que lui martèle, à tort, Natasha Lytess. Aussi est-elle doublement ravie quand elle apprend qu'elle a été choisie pour le rôle principal du prochain film de Henry Hathaway, *Niagara*, où elle devra jouer l'amorale, infidèle, fatale et meurtrière épouse de Joseph Cotten. Tournage prévu à Buffalo pendant l'été.

En attendant, alors qu'elle continue à se dandiner dans la peau de Loïs, pulpeuse secrétaire du patron de Cary Grant, Marilyn est à nouveau contrainte de faire face aux ombres et mensonges de son passé. À l'un des nombreux cadavres qui moisissent dans ses placards. Une dépêche est tombée dans la presse : la petite « orpheline » du cinéma est en réalité la fille d'une ancienne monteuse de la RKO, pas morte du tout et même domiciliée à Hollywood. Nouvelle bombe. Nouvelle angoisse de la Fox de voir d'un coup la carrière de sa poule aux œufs d'or brutalement anéantie. Et nouvelle pirouette de Marilyn face aux journalistes à qui elle avoue la vérité, du moins *sa* vérité, de sa petite voix essoufflée, bégayante : sa mère bien vivante en effet mais internée, ses ascendants tous plus fous les uns que les autres, son dévouement envers Gladys qu'elle a toujours aidée du mieux qu'elle a pu.

Encore une fois, le basculement joue en sa faveur, le public s'apitoie, c'est la compassion générale. D'autant plus que, coup de chance inattendu pour elle, quelques jours après avoir révélé sa mère au grand jour, Marilyn est prise d'une violente crise d'appendicite (hasard ?), abondamment médiatisée, qui l'oblige à interrompre le tournage de *Chérie, je me sens rajeunir*. Opérée en urgence, elle reçoit des milliers de lettres lui souhaitant un prompt rétablissement[*]. À sa sortie de l'hôpital, elle sait que des dizaines de photographes l'attendent de pied ferme. Le moindre de ses faits et gestes est dorénavant consigné dans la presse. Une marque de fatigue ou un signe de faiblesse est immédiatement repéré. Marilyn est tenue en permanence à la perfection. Elle en a conscience, et reste très vigilante sur chacun des effets qu'elle doit produire. À l'hôpital, elle convoque son maquilleur en titre, Allan Whitey Snyder, rencontré à

---

[*] L'anecdote a été maintes fois répétée : le chirurgien qui devait l'opérer aurait trouvé sur son ventre un petit mot scotché, avec les mots suivants : « Docteur, par pitié, coupez le moins possible, juste une toute petite cicatrice. »

la Fox dès 1946, afin qu'il lui redonne sa tête d'ir-résistible vamp blonde, celle qui la protège et que le public exige.

« Whitey, promets-moi une chose, dit-elle après la longue séance de métamorphose qui l'a trans-formée de nouveau en créature Monroe.

— Tout ce que tu veux, ma chérie.

— Promets-moi que lorsque je serai morte, tu viendras me maquiller une dernière fois.

— Enfin, pourquoi parler...

— Promets », supplie la petite voix.

Whitey Snyder promet, et Marilyn lui fait ca-deau peu de temps après d'une pince à billets de chez Tiffany's, avec cette dédicace : « Tant que je suis encore chaude[1]. »

Obsession morbide chez une jeune femme dans la fleur de l'âge et à l'aube d'un incroyable suc-cès ? Ce n'est sans doute pas ce qui étonne son maquilleur, qui mieux que personne connaît l'en-vers du décor, la tristesse et l'égarement dissimu-lés derrière le fard, le manque de confiance, le mépris de soi et la gravité ensevelis sous les faux cils et le rouge à lèvres. En revanche, peut-être est-il davantage surpris par la requête — mais au fond ne s'agit-il pas d'une mise en scène macabre de plus ? —, par cette ultime tricherie (car il ne s'agit pas de coquetterie), ce dernier mensonge : s'exhiber dans sa mort en tenue de scène. Comme si c'était *l'autre*, la doublure, qui devait être enter-rée et disparaître à jamais. Whitey Snyder se de-mande un court instant si la promesse lugubre que

164

vient de lui arracher Marilyn n'est pas simplement l'expression d'un vœu immédiat.

Quelques minutes plus tard, Miss Monroe, resplendissante, prend la pose pour les photographes agglutinés devant la porte de l'hôpital, lance des baisers, des œillades, des sourires larges comme sa détresse cachée, des plaisanteries, donne à chacun d'eux l'impression qu'il pourra la posséder quand il le voudra. Puis elle s'enferme chez elle pour plusieurs jours de convalescence, sous la surveillance pointue de reporters postés à chaque coin de rue, chargés de noter les allées et venues des différents visiteurs qui se succèdent à son chevet. Parmi eux, excellente surprise et merveilleuse aubaine, se trouve Joe DiMaggio. Le légendaire capitaine des Yankees épris de la petite chérie de Hollywood. C'est presque trop beau pour être vrai. Ça sent le coup publicitaire. D'ailleurs, devant cette rumeur, les dirigeants de la Fox augmentent sans prévenir le salaire de Marilyn qui passe à sept cent cinquante dollars par semaine, ce qui reste néanmoins très nettement inférieur à celui des autres vedettes de la maison : soit le studio ne considère pas encore Monroe comme une star ; soit il l'exploite autant qu'il le peut ; soit les deux. Devant le démenti formel qu'opposent les deux intéressés, le bruit va s'amplifiant, provoquant des attroupements devant la maison de Marilyn et la colère de DiMaggio qui supporte mal de se retrouver à nouveau sous les flashs, cette fois dans le rôle du prétendant avec trace de rouge à lèvres sur le col de chemise et bouquet de fleurs entre les doigts.

D'autant plus qu'il n'est pas le seul, Marilyn fréquente tout aussi assidûment son amant de toujours, Bob Slatzer.

Objet de toutes les attentions, Marilyn reprend le chemin des studios pour terminer *Chérie, je me sens rajeunir*. Elle doit ensuite se préparer avec Natasha au rôle de Rose Loomis dans *Niagara*. Natasha Lytess n'aime pas Joe DiMaggio. Elle le croit (à raison) violent, macho, borné, jaloux. Une brute épaisse qui n'a jamais ouvert un livre de sa vie et ne s'intéresse qu'au sport. Elle ne voit pas bien ce que la douce Marilyn peut gagner à sa fréquentation, quel épanouissement elle peut espérer en sa compagnie. Marilyn, elle, croit le savoir. C'est intensément physique. Avec Joe, elle a découvert pour de bon la sexualité. Et aussi la domination, la soumission. Pour la première fois, c'est elle qui doit plier devant quelqu'un, quelqu'un qui n'est pas complètement subjugué et anéanti par le miracle de tenir entre ses bras un fantasme, LE fantasme. Quelqu'un aux origines modestes, tout comme elle, sans grande culture, tout comme elle, qui a souffert pour se faire une place dans la société. Tout comme elle. Quand Joe DiMaggio se couche sur elle, il la traite comme une femme, et non comme une créature de rêve. Avec un peu de mépris et de brutalité. Natasha ne peut pas comprendre. « Mais moi je t'aime vraiment, Marilyn, lui dit-elle, je t'aime.

— Je ne te demande pas de m'aimer. Contente-moi de me corriger », lui réplique cette dernière[*].

« Je te paie pour cela », aurait-elle pu ajouter.

La célébrité lui monte de plus en plus à la tête. Le 1er juin 1952, jour de son vingt-sixième anniversaire, Marilyn apprend qu'elle a été désignée pour partager l'affiche au côté de Jane Russel dans la prochaine comédie musicale de Howard Hawks, *Gentlemen prefer blondes* (*Les hommes préfèrent les blondes*). Sa carrière est cette fois définitivement lancée. Elle est la superstar du box-office.

Il lui reste dix ans à vivre.

---

[*] Pendant le tournage de *River of no return* (*La rivière sans retour*), fin 1953.

Un mari peut en cacher un autre
(*troisième intermède*)

Alors que Marilyn Monroe est en pleine romance médiatico-passionnelle avec Joe DiMaggio, un homme prétend l'avoir épousée, en tout cas pendant quarante-huit heures, du 4 au 6 octobre 1952 précisément. Comme on le sait, Bob Slatzer a rencontré Marilyn six ans auparavant quand elle courait les agences en quête de castings, son book à la main, bégayante, les cheveux fraîchement décolorés, et s'appelait encore, plus pour longtemps, Norma Jeane. C'était en 1946. L'année de leurs vingt ans à tous deux. Il débutait, espérait obtenir une interview de Gene Tierney. À la place, il tomba sur une petite blonde timide. Ou plutôt c'est elle qui lui tomba dessus car elle trébucha, et toutes les photos qu'elle serrait contre elle s'éparpillèrent, obligeant le jeune homme à les ramasser. Des centaines de Norma Jeane dans toutes les tenues et positions répandues par terre. En bikini, en robe de mariée, à skis. Drôle d'entrée en matière. La playmate plongea ses grands yeux bleus suppliants sur le bon garçon qui cueillait ses clichés, l'un après l'autre, comme autant de fleurs éparses. Et elle lui adressa le plus reconnaissant des sourires. Il ne pensa jamais plus à Gene Tierney.

Bob Slatzer venait de découvrir qu'il préférait les blondes.

Un homme chanceux. Il est brun, replet, de taille moyenne, la mèche gominée en arrière. Les traits lourds un peu rougeauds, le nez légèrement empâté, de petits yeux noirs écrasés par de grosses bajoues. Ce n'est pas ce qu'on appelle un beau garçon. Alors, quand la ravissante starlette, plus belle que ses rêves, lui ouvre gentiment les bras, l'ami Bob ne se le fait pas dire deux fois et savoure tant qu'il peut la chair blanche et potelée de ce trésor inattendu. La jeune fille lui dévoile ses ambitions, ses projets, ses désirs. Il aime son désespoir d'exilée, sa détermination intransigeante qui n'admet aucun obstacle. Il partage sa misère, le même appartement pendant quelques mois et ses rêves, la voit doucement se transmuer en icône sexuelle immédiatement identifiable, trouvant peu à peu la juste blondeur, la bonne démarche, la voix d'enfant au souffle court. Bob Slatzer écoute la terrible histoire de Norma Jeane, racontée à sa sauce, avant de la voir glisser dans le costume démesuré de Marilyn Monroe. Il la regarde pâlir, rosir, grandir. Bientôt méconnaissable. Elle appartient au monde entier, il le sait. Mais lui, il est son ami, pour toujours. Il arrive encore à percer le travestissement. Elle lui dit tout, ses amants, ses films, ses déceptions, ses illusions. Ils boivent ensemble. Quand ça ne va pas, en pleine nuit, n'importe quand, c'est Bob qu'elle appelle à la rescousse. Ils couchent ensemble, bien entendu. Parce qu'un homme normalement constitué qui se retrouve dans une chambre, sur un lit, à boire du champagne avec Marilyn Monroe (nue qui plus est), même pas vraiment maquillée, même ivre, même à neuf heures du matin, couche avec. Pour écraser sa détresse de tout son poids. Pour répondre à son appel au secours.

Bob Slatzer attend, toujours disponible, toujours prompt à se rendre utile. La liaison avec Di-Maggio, il en a été le premier informé. Dès qu'elle est seule, l'actrice est pendue au téléphone et raconte tout à tout le monde. Mais lui, il a droit à des confidences spéciales, d'une part parce que Marilyn ne lui cache rien, d'autre part parce qu'elles sont faites sur l'oreiller. Par exemple, il sait que Marilyn a trouvé en DiMaggio son maître physique, qu'il n'est pas en adoration devant elle, lui témoigne même du mépris et la met suffisamment en insécurité pour se l'aliéner. Il sait aussi qu'il lui fait des scènes de jalousie terribles, ne supportant pas qu'un homme la regarde. Ce qui assurément risque de poser très vite quelque problème. C'est pourquoi, au fond, Bob Slatzer ne pense pas une seconde que l'histoire DiMaggio-Monroe s'éternise. Trop d'antagonismes, trop de narcissisme. Il a juste peur que son amie prenne des coups, au sens propre comme au figuré. Même s'il est là, dans tous les cas, pour la ramasser dans le caniveau si le besoin s'en fait sentir.

En juillet 1952, il la rejoint sur le tournage de *Niagara* où elle lui a réservé une chambre d'hôtel. Au mois d'août, il répond complaisamment aux questions indiscrètes d'une journaliste mondaine sur « les prétendants en course au cœur de Marilyn ». En septembre, le magazine *Confidential* annonce en une la liaison de Bob Slatzer et de Marilyn Monroe. Et en octobre, au cours d'une dérive à la frontière mexicaine et après une nuit passée à boire, la blonde star aurait proposé au reporter joufflu de se marier avec lui. Tijuana est à deux pas. Les formalités seront vite remplies, elle sera enfin tranquille. Apaisée, rassurée. Libre de ne pas épouser Joe DiMaggio qui la renverrait en cuisine comme une bonniche, l'humilierait de toutes les façons. Mariée à un homme ami, complice et confident, qui l'adorerait en silence, se réjouirait de ses bonheurs, lui ferait partager sa culture classique, bataillerait contre ses fantômes, ses terreurs. Douce vision d'un bonheur sûr sans exigence (donc sans heurt), qui tente la petite Norma Jeane enfouie dans Marilyn.

Le samedi 4 octobre 1952, Marilyn Monroe et Robert Slatzer signent leur certificat de mariage dans la petite ville mexicaine et célèbrent comme il se doit leur union pendant deux jours d'ivresse[*]. Le lundi, la gueule de bois est monstrueuse. Et le sex-symbol désormais le plus célèbre d'Amérique

---

[*] Il existe apparemment un témoin de ce mariage éclair, et plusieurs personnes prétendent avoir reçu les confidences de Marilyn sur ce sujet.

rattrapé par le doute, le remords, la réalité. Son plan de carrière. Marilyn Monroe mariée à un petit journaliste ventripotent ? Ça n'a pas de sens. Le public serait déçu. Elle aussi. Ce n'est pas ainsi qu'elle a rêvé sa vie. Ça ne correspond pas à l'image qu'elle se fait d'elle. Pour venger l'orpheline et les doigts permissifs de « Mr Kimmel », il lui faut une personne hors du commun, un prince, une idole, une célébrité, un homme puissant, un président !

Le 6 octobre, Marilyn et le bon Bob accourent à nouveau à Tijuana et interceptent les papiers qui n'ont pas encore été envoyés. À dix heures du matin, leur mariage n'est plus.

Marilyn Monroe reprend la route de Joe Di-Maggio.

Sept ans de déception (*fin*)

Amincie, pulpeuse sans être boulotte, moins charnue et toujours plus charnelle, Marilyn éclate de beauté dans *Niagara*, hymne noir à sa splendeur scandaleuse et fatale. La petite dactylo tout en fesses et en seins, imbécile et docile est enfin reléguée au second plan. Voici la blonde ténébreuse, provocante et machiavélique, consciente de son pouvoir de séduction, instrument et victime du destin, dans toute la tradition hitchcockienne. Rose dans sa robe rose fendue, échancrée, peau dorée et sourcils arqués, lèvres humides, rose Rose qui fredonne l'air de *Kiss, Kiss me* avant de faire assassiner son époux par son amant sous les chutes du Niagara. Un mari rendu fou par l'asservissement subi au corps de sa divinité blonde et qui envisagerait bien de la supprimer lui aussi. Après tout, les déesses ne font pas les meilleures épouses. C'est finalement l'amant qui prendra le premier coup de poignard, et la femme adultère tombera, étranglée, sous les mains du légitime revenu d'outre-tombe. Marilyn est belle à mourir, justement. Elle écrase de loin tous ses partenaires, on ne voit qu'elle, on ne veut qu'elle, rose pâle que cernent le mystère et la tragédie. Malgré elle, le film est décevant à bien des égards, l'écriture faible, le rythme trop lent, le rôle de l'actrice limité et monocorde. Comme si la directive « sois sexy et stupide » avait simplement été changée en « sois sexy et fatale ». Sans doute est-ce une évolution, mais Marilyn ne s'en satisfait pas. Elle demeure frustrée. La tragédie ne lui convient pas. Marilyn Monroe n'est-elle pas déjà en soi une farce, un grimage, une clownerie ? Le public n'a pas forcément envie de la voir périr à l'écran, ce que notent avec attention les patrons de la Fox. Parce que c'est elle, le film emporte néanmoins un énorme succès et place l'actrice en tête de toutes les stars de Hollywood.

Le phénomène Monroe est partout. La presse se dispute reportages et interviews. Les couvertures se succèdent. On s'interroge sur la démarche dite « horizontale » du sex-symbol, due peut-être à une malformation, une désarticulation, aux séquelles d'une fracture ? Et non à des heures d'entraînement devant la glace depuis l'âge de onze ou douze ans. Des photos truquées d'elle, nue, circulent, l'obligeant à venir se défendre au tribunal. Un chef d'orchestre compose un hommage musical à son nom. Lors de l'élection de Miss Amérique, on lui demande de poser au côté des candidates. Ce jour-là, la robe blanche à pois qu'elle porte est si échancrée, si provocante qu'un officier de l'armée demande aux journaux de censurer les photographies. Marilyn affûte ses armes, fustige la pudibonderie hypocrite en contre-attaquant par ce cocktail de fausse ingénuité et d'humour qu'elle sait si bien doser : « On vous a reproché le décolleté plus que plongeant de votre robe...

— Ah, c'est pour cela qu'on me regardait. Je croyais qu'on admirait mon insigne de sergent recruteur...

— Vous aviez mis quelque chose pour la photo du calendrier ?

— La radio. »

Et le 5 de Chanel la nuit. Et le « je ne porte jamais de dessous parce que j'ai horreur de ce qui se froisse »... Et ainsi de suite. La légende qu'elle s'édifie est en marche. Accélérée, même.

Le nouveau film de Howard Hawks va la consolider encore un peu plus. Dans *Les hommes préfèrent les blondes*, Marilyn Monroe incarne une femme à la beauté renversante, au « magnétisme animal », drapée dans des robes cousues sur elle, aux formes suggestives à souhait, par ailleurs totalement stupide, vénale et dénuée de scrupules. La comédie, ponctuée de nombreux numéros musicaux, est basée sur le contraste entre la brune Jane Russel, intelligente, dévouée, sans cupidité aucune, et sa blonde amie que seuls intéressent l'argent et les diamants (blonde amie qui, au passage, donne à son milliardaire de fiancé, une fois n'est pas coutume, le gentil surnom de « Daddy »). Marilyn chante, danse, déploie toute sa sexualité à l'écran tandis que dans les loges, perdue, en retard, brouillon, elle a de plus en plus besoin d'être assistée. Il lui faut chaque fois davantage de prises pour enregistrer une scène. À la fin de l'année 1952, la Fox se résout à lui augmenter encore un peu son salaire. Monroe, valeur sûre et incontestée du studio, reçoit désormais plus de cinq mille lettres de fans par semaine.

Mais la nuit de Noël, tous ses amants ont déserté la place. Ses admirateurs font une pause *turkey* (dinde) en famille. La petite fille abandonnée est seule avec son armure blonde et un désespoir grandissant. Joe DiMaggio, qu'elle persiste à présenter comme un « ami » à la presse, lui a dit qu'il passait les fêtes à San Francisco, avec les siens. Joe n'est pas un imbécile, et il peut même faire preuve d'une délicatesse bienvenue. En réalité, il attend Marilyn chez elle, avec un sapin de Noël, le premier de sa vie, elle pour qui la fin de l'année est chaque fois un supplice. Face à cette attention, la petite fille se met à pleurer à chaudes larmes et se réfugie entre les grosses pattes de l'ours. Un peu de vérité sous le strass et les paillettes.

Juste un court répit. Ça repart aussitôt. Monroe tout sourire au côté de Jane Russel enfonce ses mains et ses talons dans le ciment du trottoir devant le Grauman's Chinese Theater de Hollywood et sous les flashs de centaines de photographes en furie. La blonde affolante propose ingénument d'y laisser également l'empreinte de ses seins. Pourquoi n'auraient-ils pas droit eux aussi, après tout, à leur petite part d'immortalité ? minaude-t-elle. D'autant plus qu'ils font régulièrement scandale : en mars 1953, la robe dans laquelle Marilyn paraît lors de la remise d'un des nombreux prix insignifiants qu'on lui a décerné soulève un torrent de protestations et de propos acerbes à son encontre. L'actrice mythique Joan Crawford, son idole, condamne publiquement l'indécence et la vulgarité de sa jeune consœur qu'elle rabaisse au rang de « stripteaseuse ». L'opinion est divisée. D'un côté, les Jerry Lewis, Dean Martin et consorts applaudissent à tout rompre. De nombreux journalistes prennent fait et cause pour l'orpheline fustigée. De l'autre, Joe DiMaggio, qui brille par son absence à chaque apparition publique de Marilyn, emboîte le pas des grandes dames outrées et prône la dignité et la vertu comme valeurs essentielles. DiMaggio ne se cache pas, ne cherche pas à protéger l'intimité qui le noue à la plus célèbre blonde des États-Unis, secret de Polichinelle. S'il refuse obstinément d'accompagner Marilyn lors des premières, des récompenses ou à toute autre manifestation où elle est à la fête, c'est avant tout pour bien marquer sa désapprobation violente de ce qu'il considère comme pure mascarade. Avec une frustration évidente, l'ancien sportif affiche le plus profond mépris pour le show-business, le cinéma, Hollywood. C'est-à-dire qu'en réalité il n'a aucune estime pour Marilyn Monroe. Lui, celle qu'il prétend aimer, c'est Norma Jeane (avec la blondeur toutefois, la poitrine et les hanches de Marilyn Monroe), sans comprendre que si cette dernière n'est pas tout à fait morte, elle est en tout cas hors d'état de nuire. Joe ne supporte que l'exclusivité et n'a pas l'intention de jouer les faire-valoir, les « Mister Monroe ». Alors il vocifère, il tempête, il tonne, donne à sa jalousie angoissée le visage du dédain et de l'insulte. Marilyn, en pleurs, téléphone à Natasha Lytess. Les coups la blessent, l'enfoncent un peu plus dans la dévalorisation de soi. Elle n'est pas insensible aux critiques. Un rien lui fait mal. Mais peut-être appelle-t-elle les gifles. Peut-être les cherche-t-elle. Elle a tant besoin de se punir. *Les hommes préfèrent les blondes* remporte un succès phénoménal.

Quand la Fox attribue d'office à Monroe le rôle de Pola dans *How to Marry a Millionaire* (*Comment épouser un millionnaire*), la nouvelle comédie de Jean Negulesco, la jeune femme meurtrie se braque un peu, bien qu'elle n'ait aucun droit de regard sur le choix de ses films. Encore une comédie dont elle n'est pas la star féminine exclusive et où elle doit partager l'affiche, non pas avec une mais cette fois deux autres vedettes, et pas des moindres : Betty Grable, blonde icône numéro un du box-office pendant des années, que Marilyn évince peu à peu ; et la sublime Lauren Bacall qui a, sur le papier, le rôle central du film, même si c'est Monroe en bikini qui est mise en avant dans la bande-annonce et au générique. Par ailleurs, l'argument, plus que léger (trois amies cohabitent dans un grand appartement new-yorkais et complotent ensemble pour épouser chacune un millionnaire), lui donne une impression de redite, l'enfermant davantage dans cette image toujours plus étouffante de blonde sexy, naïve et âpre au gain, alors que Grable se découvre au fond romantique et que Bacall, cerveau du plan, femme de tête, finit par tomber véritablement amoureuse. Pour couronner le tout, on a décidé que la blonde Pola serait myope comme une taupe, prétexte à de nombreux numéros comiques. Marilyn se voit proposer la chose suivante : elle sera affublée pendant l'essentiel du film de gros lorgnons qu'elle ôtera régulièrement par coquetterie, persuadée que les hommes ne regardent pas les femmes à lunettes, ce qui l'enverra immanquablement se flanquer le nez dans les murs. Marilyn Monroe, blonde et bêtasse une fois de plus (Grable et elle sont qualifiées d'« illettrées » par Bacall), avec une petite séquence où elle apparaît en maillot de bain rouge flamboyant, ainsi qu'une allusion aux diamants, meilleurs amis de la femme, chanson phare de son film précédent.

Un simple bis par conséquent ? Pas vraiment. Au final, Marilyn s'en sort bien. Du trio elle est au fond celle à qui le public s'attache le plus (Grable se révèle être la véritable idiote, et Bacall est trop froide), la plus touchante et la plus surprenante, qui finit par s'amouracher d'un homme aussi miraud qu'elle. Sur l'écran, elle irradie. De l'autre côté, les choses sont un peu différentes. Le tournage est éprouvant, pour elle, et encore plus pour les autres. Marilyn impose la présence permanente de Natasha Lytess sur le plateau et contraint l'équipe à recommencer dix ou vingt fois la même prise en fonction de l'opinion de son professeur. Elle ne répond qu'aux directives de Natasha, pas à celles du réalisateur qui ronge son frein dans un coin. Complètement dénuée d'assurance, elle se présente avec des retards de plus en plus importants, ne fait pas le moindre effort envers ses partenaires. Si Lauren Bacall a du mal à la supporter, Betty Grable lui témoigne en revanche une grande tendresse : « Vas-y, ma chérie, mon tour est passé, la blonde qui compte désormais c'est toi. »

Tout est si fragile, si bafouillant, si friable qu'au mot « coupez », personne n'est en mesure d'affirmer ce qu'il en est. Mais chaque soir, à la projection des rushes, le petit miracle se répète et il faut se rendre à l'évidence : Marilyn est exceptionnelle, unique, époustouflante. Et pour la première fois, elle peut enfin laisser éclater tout son talent comique. Le public ne s'y trompe pas. Dans ce premier film en cinémascope technicolor, Marilyn est si drôle, si désarmante, car si peu sûre de sa séduction, que malgré la légèreté du scénario, elle déclenche des torrents de sympathie chez les spectateurs. Marilyn moins fatale mais plus humaine l'emporte sur tous les fronts. La 20th Century Fox devrait en tenir compte et réfléchir davantage aux scénarios qu'elle lui soumet. Mais elle ne le fait pas et tâche d'exploiter au maximum sa poule aux œufs d'or, toujours méprisée par Zanuck et sous-payée.

Bien entendu, et même si leur idylle supputée a fait plus de trente fois la une des magazines au cours de l'année 1953, Joe DiMaggio refuse d'accompagner sa fiancée non officielle à la première du film. Ça ne l'intéresse pas, qu'elle se le tienne pour dit. C'est donc au bras du scénariste et producteur Nuhally Johnson, moulée dans une robe blanche à paillettes et fourreau crème, que Marilyn, étincelante, acclamée par la foule en délire qui scande son nom, pose devant les photographes, tandis que Lauren Bacall s'appuie contre le flanc vigoureux de Humphrey Bogart.

Au mois d'octobre de cette année 1953, Grace Goddard, mère de substitution de l'actrice, devenue alcoolique au dernier degré, meurt d'une overdose de barbituriques. Un affaissement de plus. Un effacement supplémentaire des dernières traces de Norma Jeane. Derrière Marilyn Monroe, devenue la plus grande star du monde, plus rien ne reste des vestiges de l'enfance, du monde d'avant, et le piège se referme lentement sur la doublure blonde dont elle ne peut plus désormais ôter le masque.

Loin de ces réflexions, le studio l'inscrit d'office dans une nouvelle production. Fatiguée, flanquée de l'indispensable Natasha, Marilyn enchaîne l'inhumation de Grace au cimetière de Westwood avec le tournage difficile de *River of No Return* (*Rivière sans retour*), réalisé par Otto Preminger dans les rapides du Canada, face à Robert Mitchum. Tout se passe mal. Marilyn déteste le rôle inconsistant qu'on lui a donné, les costumes ridicules, la coiffure dont elle est affublée (une grande perruque jaunâtre). Le scénario de ce qu'elle qualifie comme un « western minable » est si mince qu'elle maudit chaque jour la Fox de l'avoir envoyée sur ce radeau de malheur où se passe l'essentiel du film. Elle multiplie les retards, les caprices, simule plus ou moins une entorse à la cheville, forçant le tournage à s'interrompre, et accentue encore davantage sa dépendance à Natasha, de façon à rendre fou Preminger qui ne tarde pas à se comporter en tyran à son égard et vis-à-vis de la silhouette maigre et noire qui ne la quitte pas d'une semelle. Mitchum se contient grâce à l'alcool, souffrant lui aussi de l'attitude de sa partenaire, si peu professionnelle à première vue, mais en réalité insoumise et lasse. Marilyn est exaspérée d'être la blonde de service qu'on emploie pour racoler les spectateurs, avec de légères variations. Dans *Rivière sans retour*, elle incarne une chanteuse de cabaret au grand cœur, fille sexy et perdue, orpheline, entraînée malgré elle dans une fuite irréversible pour échapper à des Indiens menaçants au côté de Robert Mitchum et du petit George Winslow. Rien de bien valorisant, hormis deux très belles chansons tristes[*], dont celle du générique, qu'elle interprète en s'accompagnant à la guitare, confirmant une fois de plus ses multiples talents et une émotion prête à jaillir à tout moment.

Bien que médiocre, le film ameute les foules, visiblement hypnotisées par Marilyn Monroe, quel que soit son accoutrement ou le décor dans lequel elle se meut. Mais pour elle, c'en est trop. Quand la Fox lui ordonne de tourner *The Girl in Pink Tights* avec Frank Sinatra, sans qu'elle ait le droit

---

[*] *One Silver Dollar* et *River of no Return*.

de lire le scénario dont on prétend qu'il est inepte au possible, elle refuse et demande une augmentation de salaire à sa (dé)mesure. Ce n'est pas légal, rétorque Zanuck, en vertu du contrat de sept ans qui les lie, et ses prétentions financières sont « déraisonnables ». Marilyn tient bon.

Le 4 janvier 1954, elle est renvoyée, pour la deuxième fois, de la 20th Century Fox.

Mrs DiMaggio

Dix jours plus tard, au palais de justice de San Francisco, Marilyn Monroe et Joe DiMaggio mettent enfin un terme aux rumeurs qui les ont mariés à maintes reprises depuis des mois en se disant oui pour de bon, et en principe pour la vie. C'était devenu inévitable. L'Amérique les voulait ensemble. Impossible de passer à côté d'une histoire d'amour pareille, sujette à toutes les projections, aux fantasmes frustrés de la nation entière. Quand Joe s'était précipité au chevet de Marilyn « blessée » au Canada pendant le tournage de *Rivière sans retour*, la presse avait rugi. Quand la blonde actrice l'accueillit ensuite chez elle dans son appartement de Doheny devant lequel des dizaines de journalistes faisaient le planton en permanence, et apprit à cuisiner les pâtes comme il les aimait, le pays retint son souffle. Quand, harcelée de questions, elle finit par avouer qu'elle n'avait jamais été autant éprise d'un homme, l'attendrissement atteignit son comble. Quand enfin les fiancés rendirent visite à la famille DiMaggio à San Francisco et partirent ensuite à la pêche, délicieusement enlacés, en jean et blouson de cuir, ce fut l'apothéose. C'était trop beau. Vraiment trop beau.

Le 14 janvier 1954, Marilyn Monroe cède donc à la pression nationale et devient à la ville Mrs Di-Maggio. À travers lui, c'est l'Amérique qu'elle a épousée. La Fox comprend qu'elle a commis une erreur en renvoyant comme une malpropre la « première dame » des États-Unis. Marilyn mariée, dans le manteau de vison offert par son époux, est plus respectable, davantage encore sous les feux de la rampe, incontournable. Joe et elle sont les chouchous des médias. Zanuck est contraint de s'amender. « Tête de paille » est réengagée, à ses conditions.

Pour échapper aux journalistes qui les traquent jour et nuit, Marilyn et Joe passent leur nuit de noces dans un motel de Paso Robles avant de disparaître dans une retraite montagneuse, secrète et isolée, pendant deux semaines. De cette pause loin du bruit et de la fureur que le « jeune » couple vit en tête à tête, on retient ce que Marilyn a révélé plus tard : le premier soir, au motel, l'ex-Yankee aurait demandé s'il y avait la télévision dans la chambre et changé ensuite de chaînes pendant des heures ; les quinze suivants, sans télévision cette fois, et après avoir épuisé rapidement tous leurs sujets communs de conversation, ils se seraient tellement ennuyés qu'ils auraient fini par aller acheter des bandes dessinées au village le plus proche pour tuer le temps. Bref, un ratage total et une monstrueuse erreur. Mais le public a faim encore, il ne comprendrait pas, il faut répondre à son appétit et, devant la presse du monde entier, afficher une fallacieuse harmonie. Sauver les apparences.

« Nous avons appris à mieux nous connaître », confie Marilyn tout sourire lors de leur retour parmi les hommes.

En réalité, leur mariage a déjà vécu. Marilyn le sait, au fond elle n'a peut-être jamais été dupe de ce coup publicitaire. Dans un coin de sa tête, elle caresse toujours, et plus que jamais, le projet nettement plus enrichissant pour elle d'épouser un jour Arthur Miller[*] et d'envoyer promener la Californie. On cessera peut-être alors de la prendre pour une dinde. D'ici là, combien de temps faudra-t-il tenir ? Et tenir sans plonger au fond du gouffre blond ? C'est probablement la vraie question. Seule la violence physique de DiMaggio parvient à endiguer la chute et à pimenter un peu le vide qui les aspire. Les coups que lui assène Joe rassurent Marilyn sur sa propre existence, lui donnent une consistance et quelque importance. Alors comme un enfant qui multiplie les bêtises pour attirer l'attention de son père, au risque de se prendre une gifle, Marilyn, au sortir de leur « nid d'amour », rendosse tout son attirail de sex-symbol et se pavane dès qu'elle peut les seins au balcon, provoquant des émeutes, à la grande fureur de Joe. Invivable, estime sans doute le Yan-

---

[*] Comme elle le confie au lendemain de son mariage avec DiMaggio à son ami Sidney Skolsky interloqué.

kee. Mieux vaut partir et laisser retomber quelque temps toute l'excitation (déclenchée par leur union, croit-il). Hasard favorable, on l'invite à participer au Japon à un match-exhibition. Marilyn n'a qu'à l'accompagner. D'une part, elle pourra mesurer la popularité dont il jouit, même au bout du monde ; d'autre part, on leur fichera la paix.

Le calcul de Joe s'avère catastrophique. À l'aéroport de Tokyo, des milliers de fans ont envahi la piste face à deux cents policiers dépassés par les événements et obligés de faire descendre le couple DiMaggio par la soute à bagages. Nul doute possible sur le sujet de leur idolâtrie : c'est elle, pas lui. Joe DiMaggio peine à cacher sa rage. Marilyn a beau tout faire pour tenter de se retrancher dans l'ombre et mettre en avant son grand mari, lors des interviews et des conférences de presse, les journalistes ne s'intéressent qu'à elle et l'ignorent, lui, superbement. Terrible affront pour l'Italien qui prend conscience de l'effrayante célébrité de sa femme, et s'aperçoit que la créature blonde qu'elle allume et éteint comme une ampoule électrique est ingérable. Aussi, quand le commandement de l'armée du front d'Extrême-Orient propose à cette dernière de profiter de son séjour en Asie pour faire une apparition en Corée afin de soutenir le moral des troupes américaines, DiMaggio refuse-t-il de venir avec elle. Il a compris. Elle n'a qu'à y aller seule, se pavaner devant des milliers de GI en délire, du moment qu'il y a la télé, il préfère rester à l'hôtel à Tokyo, fulminant de jalousie. Il ne tient vraiment pas à assister au strip-tease. Mais ce qu'il voit sur son poste, pendant quatre jours, c'est, sans cesse rediffusées, les images de sa blonde épouse en toute petite robe dans le froid sibérien, sur une estrade, devant treize mille soldats de la 45e division chauffés à blanc et savourant les détails de son anatomie sous tous les angles, son épouse qu'on a transportée en camion d'un aérodrome et poussée sans ménagement sur scène pour calmer l'impatience menaçante des troufions rassemblés, son épouse qui se donne à fond sans compter, aguicheuse, qui lance quelques bons mots salaces et des clins d'œil tentateurs, qui entonne de sa petite voix essoufflée trois de ses chansons* aux paroles sans équivoque, qui pousse l'excitation militaire à son comble, exacerbe la virilité jusque dans ses retranchements, son épouse, Marilyn Monroe, pâle divinité chue d'un ciel bas et lourd au milieu d'un parterre caca-d'oie qui n'oubliera jamais de sa vie l'apparition angélique et sacrément bandante venue lui rappeler qu'au-delà des villes bombardées la chair existe, frémissante et voluptueuse.

À Tokyo, dans un fauteuil de chambre d'hôtel, devant son poste de télévision, Joe DiMaggio serre les poings. « Merveilleux, dit la naïve en rentrant, c'était merveilleux, tu te rends compte, treize mille personnes qui crient ton nom ?

— Dans les stades, moi, c'étaient cinquante mille personnes qui m'ovationnaient », rétorque Joe blanc de colère.

---

* *Diamonds Are a Girl's Best Friends, Bye Bye Baby* et le très suggestif *Do It Again*.

Quelques jours plus tard, dans l'avion de retour à Los Angeles, Marilyn ne parvient pas à cacher le pouce brisé de sa main droite.

« Je me suis cognée », prétend-elle quand les journalistes lui posent la question.

Devant les caméras, le couple fantasme de l'Amérique joue le jeu. Marilyn, qui souffre d'une pneumonie après son tour de chant en plein air, s'appuie tendrement sur l'épaule protectrice de Joe. Mais en privé, l'Italien a fait savoir qu'il ne supporterait pas longtemps d'être l'époux d'une femme publique, mitraillée sous toutes les coutures du matin au soir. Il va falloir qu'elle choisisse assez vite entre Hollywood et lui. Sinon...

Un mois après leur mariage, il est déjà entre eux question de divorce.

Fermant les yeux sur son absence prolongée, la Fox accueille sa superstar avec tapis rouge et lui propose une comédie musicale intitulée *There's No Business Like Show Business* (*La joyeuse parade*) de Walter Lang, au côté de Donald O'Connor, l'inoubliable interprète de *Singing in the Rain* (*Chantons sous la pluie*). La corde ou la dague. Rester enfermée à la maison avec un Joe DiMaggio planté toute la journée devant la télévision, qui n'a rien à lui dire, ne veut pas qu'elle ait des amis, qu'elle téléphone, qui ne s'intéresse pas à elle, à son travail, se méfie de tout le monde, ou tourner un film, n'importe lequel, pour fuir coûte que coûte cet enfer conjugal ? Marilyn choisit sans hésiter la dague. Dans *La joyeuse parade*, elle incarne Vicky, jeune fille pauvre, douce et naïve mais déterminée à devenir chanteuse. Sur sa route, elle croise une famille de saltimbanques dont le plus jeune fils (O'Connor) tombe amoureux d'elle. Un scénario insipide pour un film de mauvais goût. Marilyn, vraiment, ne pouvait pas plus mal tomber que dans cette longue et affligeante comédie ponctuée d'interminables numéros musicaux, où elle n'apparaît qu'au bout d'une demi-heure, sous un maquillage outrancier et un épouvantable brushing, dans des tenues vulgaires au possible. Lors de son premier numéro (*After*), elle porte une robe pailletée à moitié transparente fendue jusqu'à la culotte. Lors du deuxième (*Heat Wave*), c'est en bikini noir et affublée d'un sombrero grotesque qu'elle agite sa poitrine et tortille des fesses devant un parterre de latinos excités. On est loin de l'Actor's Studio.

Il est probable qu'en rentrant le soir à la maison qu'ils louent désormais à Beverly Hills, Marilyn ne fournit pas à son DiMaggio de mari, qui de toute façon s'en contrefiche, un compte rendu très détaillé de ses journées de tournage. Mais sa colère sourde contre la Fox grandit au quotidien. Le film est mauvais, elle le sait avant même d'avoir vu le montage. Encore une fois, on s'est servi de son nom comme d'un appât trivial, on lui a donné un rôle sans intérêt couronné par trois chansons guère mémorables (rien à voir avec les jolies mélodies à la guitare folk de *Rivière sans retour*). Mais voilà, Marilyn Monroe n'a qu'à apparaître à moitié nue dans une bande-annonce, et les tiroirs-caisses du studio se mettent immédiatement à tinter... C'est la seule réalité. Pourra-t-elle un jour se débarrasser de ce personnage futile à qui elle doit sa popularité et révéler sa véritable profondeur ? se demande-t-elle face au miroir. Comment, sans se défigurer à jamais ? Elle est épuisée, ses nerfs commencent à lâcher, et le visage sinistre que lui offre Joe DiMaggio en guise de réconfort est une punition quotidienne. Elle ne parvient plus à mémoriser ses textes, bégaie davantage qu'avant, se montre désagréable envers ceux qui l'entourent, se plaint à qui veut bien l'entendre, de Natasha qui peine de plus en plus à la faire répéter, à Milton Greene, un photographe de *Look* avec qui elle a sympathisé, en passant par le fidèle Bob Slatzer qu'elle voit en cachette, ou à Charles Feldman, son agent. Pour l'apaiser, ce dernier, qui habite juste en face de chez eux, les invite un soir, elle et Joe, à dîner dans sa villa.

À cette réception se trouve un jeune et brillant sénateur démocrate, en compagnie de son épouse Jackie. John Fitzgerald Kennedy.

JFK

C'est la rencontre de deux carnivores. Deux bêtes affamées de pouvoir, de désir de revanche, grandies chacune dans la brousse de la frustration et du manque d'amour, qui ont réussi, à coups de dents et de griffes, à faire de leur fragile constitution natale une machine de guerre implacable, un piège meurtrier. Deux bêtes égoïstes et fuyantes, obéissantes, car à toutes deux il a été donné l'ordre plus ou moins tacite d'assouvir les ambitions maternelles et paternelles. Deux bêtes solitaires, incapables d'aimer. John Kennedy a neuf ans de plus que Marilyn. Son ennemi, c'est son dos qui peut le lâcher à tout moment, l'envoie régulièrement à l'hôpital et l'oblige à faire l'amour toujours dans la même position. Ce qui ne l'empêche ni de s'engager dans la marine en 1941, ni de séduire tout ce qui bouge, particulièrement du côté de Hollywood où la chair est généreuse et docile. John Kennedy fait comme papa et aime les proies faciles, vite consommées, vite jetées. Ses nombreux ébats mis sur écoute par le FBI pendant des années ont révélé que l'amant Kennedy ne faisait ni dans la durée, ni dans la variété. La réputation d'irrésistible tombeur qu'il s'est édifiée des années durant dans les soirées « piscine » des producteurs de cinéma tient moins à ses performances au lit qu'à son image.

Comme Marilyn.

Élu au Sénat en 1953, John Kennedy s'est marié lui aussi cette année-là, condition nécessaire à la poursuite de sa carrière politique. Il lui faut désormais être plus discret, du moins en public, quand il part en chasse. Ou mieux organisé.

Certains prétendent que Marilyn et lui se connaissent depuis 1946, quand, nymphette en bikini et encore Norma Jeane, elle fréquentait les fameuses parties nocturnes de Hollywood, et que lui, jeune représentant à la Chambre de Boston, amant de Gene Tierney et de bien d'autres, il venait rassasier son besoin de jeunes corps offerts sans coup férir. Elle n'était rien. Il était déjà célèbre. Peut-être se sont-ils croisés en effet, peut-être même ont-il couché ensemble. Comment Marilyn se souviendrait-elle de tous les hommes qui l'ont empoignée, quelques minutes, délicieusement ivre, dans une chambre prêtée, et qu'elle n'a jamais revus ? Et lui, de ces innombrables conquêtes d'un soir ? Mais Monroe n'est pas une blonde comme les autres et Kennedy pas n'importe qui — blessé au combat pendant la guerre, héros national, visage d'ange à la mâchoire carnassière, dents blanches et sourire vainqueur. Lui, elle l'a revu. Depuis 1950, il assiste régulièrement aux réceptions données par Feldman, l'agent de Marilyn. Des témoins affirment avoir aperçu dès cette date Marilyn et John se promener, main dans la main, sur la côte de Malibu. Peu importe. Quelle que fût la date, ces deux-là ne pouvaient que se rencontrer. Auréolés de la même lumière, d'un éclat semblable, ils s'attiraient forcément, comblant chacun les lacunes de l'autre. Plus leur popularité grandissait, plus ils devenaient l'un et l'autre fantasme national. Plus ils pouvaient s'offrir réciproquement le triomphe.

En 1954 Marilyn Monroe n'est plus une des petites starlettes anonymes vite oubliées du catalogue de Kennedy. Elle est devenue au moins aussi célèbre que lui, sinon plus. À un autre niveau et pour d'autres raisons. Elle est un sex-symbol universel, le rêve de tous les hommes. Kennedy père, dont la liaison avec Gloria Swanson était notoire, n'aurait pas désapprouvé ce morceau de choix à son palmarès. Son fils se doit d'être à la hauteur. Au cours de la soirée estivale chez Feldman où Jackie et lui dînent en compagnie des DiMaggio, le jeune marié et sénateur de trente-sept ans dévore outrageusement des yeux la blonde lascive à la voix d'enfant. Au point de provoquer un malaise général et la fureur du grand Yankee qui redessinerait bien la gueule d'amour du bellâtre avec sa batte de base-ball et préfère rentrer chez lui avant de faire un malheur. Seul. Ce soir-là, Marilyn ne le suit pas et reste à se mesurer sous le regard de Kennedy.

L'un devait nécessairement finir par être le prédateur de l'autre.

Mrs DiMaggio (*fin*)

En août 1954, Marilyn passe directement du tournage de *La joyeuse parade* à celui de *The Seven Year Itch* (*Sept ans de réflexion*). Impatiente de rentabiliser au maximum le phénomène, la Fox ne lui accorde pas un instant de répit. Effrayée par DiMaggio dont la violence la maintient prisonnière, Marilyn accueille avec empressement cette comédie légère, adaptée d'une pièce de théâtre à succès de Broadway. Elle doit y jouer le personnage de « la voisine du dessus », bombe plantureuse et ingénue qui vient bousculer la vie tranquille de Tom Ewell, mythomane illuminé dont la femme et les enfants sont partis à la campagne pour fuir pendant l'été la chaleur new-yorkaise. On prend la même et on recommence. À la différence que cette fois Billy Wilder est aux commandes. Sans jamais être ridicule, Marilyn va pouvoir pleinement déployer ses armes tragi-comiques sensuelles en se caricaturant elle-même sur la musique de Rachmaninov ou en vantant les qualités d'un dentifrice. Quelque chose de triste est venu se poser sur son beau visage, qui la différencie de la Monroe d'avant, sex-symbol en pleine possession de ses moyens, certaine de sa séduction. Le doute et le chagrin ont commencé leur œuvre de destruction. Dans l'effritement de son mariage avec Joe DiMaggio, Marilyn entend l'échec de sa vie, sa condamnation à la souffrance et à l'errance. Alors que son cœur pleure et qu'elle s'effondre un peu plus chaque jour, il lui faut se mouvoir devant les caméras, radieuse, légère, exquise, plus adorable que jamais. Une certaine mélancolie que n'estompe plus entièrement l'écran demeure dans ses sourires et ses grands yeux bleus. Excellent film, drôle et enlevé, qui louvoie avec adresse entre les patrouilles de la censure (étaient interdites les scènes où il était question trop explicitement de sexe et d'adultère), *Sept ans de réflexion* révèle une Marilyn nouvelle malgré elle, déchirée sans cesse entre sa véritable identité et son image de bombe sexuelle internationale, comme le montre cette mise en abyme à la fin du film :

« [...] la blonde dans la cuisine.

— Quelle blonde dans la cuisine ?

— Tu aimerais bien le savoir, hein ? C'est peut-être Marilyn Monroe ! [...] »

Et en effet, c'est elle.

Pour offrir à l'écran toute cette fraîcheur, cette spontanéité, cette beauté unique, cette joie communicative, Marilyn doit lutter contre ses démons. Parfois ça prend des heures, d'où les retards qui s'accumulent, les prises qui s'amoncellent, le budget qui explose. Billy Wilder résiste : à l'image,

Marilyn Monroe, quand elle finit par apparaître, n'a pas de prix, elle est divine, merveilleuse.

Le 9 septembre, la star part pour New York où doivent être tournées les scènes en extérieur. Joe la rejoint cinq jours plus tard à l'hôtel Saint Regis, décidé à profiter de ses copains de la côte Est pendant que son épouse ondulera sous les projecteurs. Le soir même de son arrivée, dans la nuit du 14 au 15 septembre 1954, la production a prévu de filmer au cœur de Manhattan une courte séquence où la blonde créature s'abandonne innocemment, l'espace d'un instant, à la volupté de laisser sa robe s'envoler au-dessus d'une bouche de métro. Pour ne pas créer de problèmes de circulation et dans le but d'éviter un trop grand rassemblement de badauds, on a fixé le tournage de cette petite scène après minuit. Non loin de là, Joe DiMaggio passe la soirée dans un restaurant de ses amis, préférant ignorer de son mépris ce qui a lieu à quelques centaines de mètres. Mais au fur et à mesure qu'avancent les heures, l'effervescence grossit. Dans la rue, des gens courent, par dizaines, centaines bientôt ; curieux, admirateurs, policiers, reporters, photographes ; on entend des cris, des sirènes ; une agitation inhabituelle s'empare même du restaurant ; les clients sortent précipitamment pour aller voir. À deux heures du matin, résigné, DiMaggio cède à la pression générale et se dirige à son tour vers l'endroit où tous convergent. Tout est bloqué. Des milliers d'anonymes s'entassent derrière les barrières protégées par des gardes. L'ensemble de la police new-yorkaise est sur le qui-vive. Malgré l'heure tardive, il y a des embouteillages monstres dans les rues adjacentes. Aux fenêtres, des centaines de voyeurs. Les yeux rivés, tous, vers une petite silhouette blanche et blonde dont un énorme ventilateur électrique placé sous la grille du métro soulève la robe. Tous conscients peut-être de vivre un moment d'histoire — et du cinéma et de l'Amérique. Tous sous la jupe de Marilyn, en extase bruyante devant les jambes écartées de Marilyn, les cuisses de Marilyn, la culotte de Marilyn.

« Qu'est-ce que c'est que ce bordel ? » vocifère DiMaggio avant de rebrousser chemin à grands coups de coude.

« Jamais je n'oublierai son regard meurtrier », racontera Billy Wilder. Plus tard dans la nuit, les voisins de chambre du couple DiMaggio à l'hôtel Saint Regis sont réveillés par des éclats de voix violents, des bruits de casse, des sanglots de femme.

Le tournage de *Sept ans de réflexion* se poursuit tant bien que mal. Joe est parti. Les maquilleurs dissimulent les bleus et les ecchymoses sur le visage et les bras de Marilyn. À la presse sceptique qui l'assaille quotidiennement, cette dernière répète inlassablement que tout va bien entre son mari et elle. Cependant, de retour à Los Angeles, le 5 octobre, c'est une Marilyn effondrée, en larmes, le front bleu par les coups, sans maquillage et mitraillée de toutes parts, qui annonce en bégayant, protégée par son avocat, son divorce avec

Joe. « Je suis désolée, je suis désolée », répète-t-elle en pleurant. Leur mariage a duré neuf mois. L'Amérique, qui adore Marilyn et lui pardonne tout, ne lui en veut pas de casser son mythe. Elle lui en a fourni un autre : la photo de la robe blanche gonflée par la soufflerie du métro va quelques mois plus tard s'étaler partout, recouvrir des immeubles, devenir emblème national et faire le tour du monde. Si, au montage final du film, la séquence en question, censurée, demeure très courte et très chaste (Marilyn est coupée en deux, on y voit furtivement ses jambes jusqu'à mi-cuisse), il est vrai que lors du tournage (inutile d'ailleurs puisqu'il fallut tout recommencer en studio par la suite), à la décharge de Joe, toute l'anatomie inférieure de l'actrice se trouva dévoilée pendant des heures. Et pendant que des milliers de fans se rinçaient l'œil, le mariage de Marilyn signait son arrêt de mort.

Le 5 novembre 1954, *Sept ans de réflexion*, qui devait battre tous les records du box-office, est dans la boîte. Une grande réception organisée en l'honneur de la blonde vedette réunit le Tout-Hollywood. Sous les yeux de Gary Cooper, James Stewart, Lauren Bacall, Humphrey Bogart et bien d'autres, Marilyn, rayonnante de beauté, fait son apparition en robe noire avec plus d'une heure de retard. Au cours de cette soirée glamour, elle réalise un rêve d'enfant et rencontre Clark Gable, son « Daddy » imaginaire et fantasmé. La petite fille qui voulait qu'on la regarde est arrivée au bout de quelque chose. Et elle s'est libérée, croit-elle, de plusieurs chaînes.

Quand Zanuck lui donne à lire le scénario de *How to Be Very Very Popular* où elle doit incarner une danseuse burlesque blonde et stupide, cette fois, elle dit non. D'autant plus que vient de sortir en salles *La joyeuse parade*, descendu en flèche par la presse pour sa vulgarité. Quelques jours plus tard, affublée d'une perruque noire et sous le pseudonyme de Zelda Zonk, Marilyn Monroe s'évanouissait dans la nature.

Renaître, dit-elle

Coup de théâtre à Hollywood. Marilyn Monroe a disparu. « Où est passée Marilyn ? » titrent les journaux. Hormis Natasha Lytess, mise dans la confidence, personne ne sait. Fous de rage, les dirigeants de la Fox prévoient de supprimer la prime de cent mille dollars promise à la star. Marilyn Monroe est « leur » chose. Elle n'a pas le droit de se volatiliser de cette manière. Jusqu'à présent, avec plus ou moins de difficultés, ils ont réussi à en faire ce qu'ils voulaient. Elle ne peut pas leur faire un coup pareil. Elle va le payer cher.

Ils peuvent toujours hurler et menacer, en réalité, en cette fin d'année 1954, Marilyn Monroe n'est plus. Elle n'est pas cachée, elle n'existe plus.

Depuis quelque temps déjà, elle échafaudait son plan, pesait le pour et le contre, avec la complicité du photographe Milton Greene qui lui en avait suggéré l'idée, et de deux avocats new-yorkais : rompre avec la Fox et le système hollywoodien qui l'exploitait et la sous-payait, se débarrasser de « Marilyn Monroe », ne plus dépendre que d'elle-même, faire de vrais films avec de vrais scénarios et de vrais rôles. Organiser son propre enlèvement. Après avoir longuement hésité, elle se décide et largue donc les amarres, brune et seule, pour New York où Milton Greene et sa femme Amy l'attendent. Une nouvelle vie commence pour elle. Depuis des années, elle enchaîne les tournages les uns après les autres sans repos, prisonnière de son image. Recluse dans la jolie ferme des Greene, dans le Connecticut, à l'écart de tout, loin des villas et des piscines de Beverly Hills, sans maquillage, habillée simplement, l'ex-Marilyn Monroe redécouvre, d'après ses hôtes, le naturel et la simplicité, les joies d'une balade en forêt, des plats simples, le chant des oiseaux et le rire des enfants. Amy et Milton ont deux petits en bas âge. Marilyn dort le jour et lit la nuit, dévore tout ce qu'elle trouve dans la riche bibliothèque des Greene, donne un coup de main à la cuisinière à qui elle raconte sa vie, l'échec de son mariage avec Joe et évoque sa mère enfermée dans un asile psychiatrique. Elle aime également marcher, anonyme, invisible, fictive Zelda Zonk dans les rues de New York, faire les boutiques, fréquenter les musées ou rester silencieuse, s'enfoncer dans un coin du salon comme si elle voulait se fondre pour de bon et devenir transparente. Quand les Greene reçoivent des amis, elle se montre timide, effrayée, étonnamment peu sûre d'elle, à des lieues de son image. Le bégaiement resurgit. C'est une femme blessée, une petite fille mal aimée, qui tente de se reconstruire, de se construire vraiment, voudrait savoir qui elle est et recherche plus que jamais le respect. Au sein d'une vraie famille, elle rencontre le foyer qui lui manque. En retrouvant l'incognito, elle se rapproche de sa vérité.

Mais si cette vision souvent véhiculée du « retour aux sources » de la nouvelle Marilyn et de son bonheur champêtre à éplucher des pommes de terre n'est pas fausse, elle est toutefois incomplète. Milton Greene, qui fit parmi les plus belles et les plus sensuelles photographies de Marilyn, ne résiste pas, apparemment, à la tentation blonde, comme il l'avouera dans ses Mémoires, et n'est pas seulement pour elle un partenaire professionnel ; « accro » aux médicaments, calmants, somnifères, excitants, il devient aussi son fournisseur en titre ; quant à Amy, son expansive épouse, elle prend un malin plaisir, semble-t-il, jouant de la culture qu'elle se targue d'avoir, à humilier publiquement, à plusieurs reprises, sa célébrissime invitée et à la traiter comme une moins que rien[1]. Un fait révèle assez bien le malaise et les désirs contradictoires de Marilyn à cette époque de « repli » : dès son arrivée sur la côte Est, elle s'empresse d'appeler à l'aide son tout nouvel ex-mari, Joe Di-Maggio, qui accourt aussitôt. Après un divorce tapageusement médiatisé (Marilyn en robe noire et voilette poursuivie par les reporters à l'entrée et à la sortie du tribunal), et à peine prononcé, les deux ex-époux semblent avoir furieusement besoin l'un de l'autre. Il apparaît peut-être clairement à l'ex-Mrs DiMaggio que lorsqu'il la frappait, Joe ne s'en prenait en réalité qu'à la doublure blonde.

C'est elle qu'il n'a jamais supportée. C'est d'elle également que Marilyn souhaite aussi se délivrer.

À Manhattan où elle s'installe bientôt, avec l'aide de Joe, à l'hôtel Gladstone sur la 52e Rue, puis dans une suite du Waldorf, l'actrice vit luxueusement. Elle fréquente les intellectuels — Truman Capote en tête —, voit peut-être aussi un certain John Kennedy lors de ses passages au Carlyle (lors de sa dernière hospitalisation, il avait accroché au-dessus de son lit un poster de Marilyn en short la tête en bas), et multiplie les liaisons sans lendemain (avec Marlon Brando, par exemple). On peut donc relativiser la « retraite » new-yorkaise de Monroe. Il n'est pas si simple de faire table rase. La solitude est l'ennemie absolue, le sérum de vérité. Seule la dispersion, qui est une autre forme de l'ivresse, permet de l'affronter. Comme on le constate, les dés étaient pipés.

Le 7 janvier 1955, lors d'une conférence de presse donnée avec Milton Greene devant un parterre de journalistes new-yorkais moitié courtois, moitié hilares, Marilyn Monroe proclame la naissance de sa société de production.

« J'en ai assez d'être enfermée dans mon rôle de symbole sexuel. Je veux interpréter des personnages dramatiques.

— Lesquels par exemple ?

— Grushenka, dans *Les frères Karamazov*.

— Vous l'écrivez comment ? »

Marilyn tient tête aux allusions railleuses des reporters et à la colère de Zanuck qui, par avocats interposés, lui rappelle qu'elle doit encore quatre ans à la 20th Century Fox. Miss Monroe fait front, à la fois déterminée à ne plus jouer les imbéciles heureuses et, dans le même temps, plus paradoxale que jamais. En effet, si, en mars, elle fait connaissance de Lee Strasberg et entre au prestigieux Actor's Studio, elle se pavane aussi à la même date en bas résilles et bustier affriolant, juchée sur un éléphant rose, lors d'une soirée monstre organisée au Madison Square Garden — certes pour une juste cause (les malades atteints de polyarthrite) —, ou accepte de jouer les ouvreuses légères lors de la première *d'East of Eden* (*À l'est d'Eden*) d'Elia Kazan, avec toute la panoplie blonde de rigueur.

Il n'est pas si évident de se défaire de son personnage. Pas évident non plus de courir tous ces lièvres à la fois. Dès cette date, Monroe (plus exactement sa chambre) est mise sur écoute par le FBI, et espionnée par DiMaggio qui n'a rien d'autre à faire, à l'évidence, que de surveiller sous les porches les fréquentations de son ex-épouse. Continuant de brouiller les pistes, celle-ci se présente à son bras à la première de *Sept ans de réflexion*, le 1er juin, jour de son vingt-neuvième anniversaire. Cependant, elle dément toujours toute réconciliation entre eux. Quand elle a vu, quelques jours plus tôt, l'affiche de quinze mètres de haut qui la représente dans sa robe blanche volante se déployer sur le Loew's Broadway de Times Square, elle a joué le jeu devant la presse, mais tout bas, tristement, elle a dit à son ami Eli Wallach : « Voilà ce qu'ils ont fait de moi. »

Mondaine, Marilyn entraîne les Greene trop heureux dans le tourbillon des soirées new-yorkaises. Elle boit beaucoup, s'enivre au champagne, dépense sans compter. Les biens matériels ne l'ont jamais intéressée. Ses nouveaux amis qui lui veulent du bien ne l'entendent pas forcément tous de cette oreille. Lee et Paula Strasberg, qui l'« adoptent » rapidement et en font l'égérie de l'Actor's Studio, réjouis de cette manne inespérée tombée du ciel, ont beau prétendre ne s'intéresser qu'à la « flamme mystique » de Monroe, ils vont tout de même grâce à elle remplir leurs tiroirs-caisses et passer du petit deux-pièces où ils vivaient à un vaste appartement sur Central Park. Marilyn, qui doute tant d'elle-même et désire plus que tout prouver qu'elle existe sous son bataclan blond, se prend d'engouement pour la fameuse « Méthode », accepte de retrouver les émotions de son enfance, comme le préconise Lee, travaille humblement des scènes difficiles devant les autres élèves, et tombe totalement sous l'emprise des Strasberg qui sont bien les seuls, croit-elle, à la prendre pour une véritable actrice. Ces derniers ont tout de suite perçu son manque de confiance, son besoin d'amour et de famille. Aussi la reçoivent-ils fréquemment chez eux et la couvrent-ils de compliments et de conseils. Fascinée par leur culture, honteuse de son ignorance, Marilyn se place dans une position de dépendance extrême à leur égard.

Bien entendu, le vice-président des Marilyn Monroe Productions n'approuve pas beaucoup ce lien. Entre les Strasberg et les Greene, la bataille tacite pour la possession exclusive de Monroe est ouverte. Marilyn n'intervient pas. Dans les rivalités qui se nouent autour d'elle, elle n'interviendra jamais. Diviser pour mieux régner semble être sa devise. Elle n'est pas douée, de toute façon, pour la fidélité. Depuis sa plus tendre enfance, elle a été habituée à se partager entre plusieurs foyers.

La critique couvre d'éloges dithyrambiques son jeu dans *Sept ans de réflexion*. Le public afflue en masse. Au cours de l'été 1955, la Fox doit admettre que sa blonde stupide lui rapporte une fortune. Il serait peut-être raisonnable de négocier avec elle. À l'automne, des tractations sont en cours entre Hollywood et Milton Greene. Elles se soldent en novembre par une capitulation totale des studios. Marilyn Monroe tournera quatre films de la Fox, avec les réalisateurs et les scénaristes de son choix, pour un cachet global de huit millions de dollars et cent mille dollars de compensation. Zanuck, qui a démissionné, a été remplacé par Buddy Adler.

À New York, Marilyn savoure sa victoire. Cette année 1955 marque pour elle une authentique renaissance. Elle n'a pas tourné de film mais sa vie a changé. Influencée par Lee Strasberg, elle a commencé une psychanalyse. Non contente d'avoir gagné en respect, elle désire s'enrichir en profondeur. Elle s'est entourée de « vrais » amis. Elle a de beaux films devant elle et beaucoup d'argent. Elle croit avoir mis à terre sa blonde adversaire. D'ailleurs, ces derniers temps, ses cheveux ont pris une teinte plus naturelle, moins oxygénée. Après une énième scène violente, Joe DiMaggio est reparti à San Francisco. Un nouvel homme occupe de toute façon une place de prédilection désormais dans la vie de Marilyn et va l'emporter sur tous les autres. Un homme dont elle rêve depuis longtemps. Il a pour nom Arthur Miller.

Avant la chute

La raison a craqué. La morale, le bon sens, la lucidité, le devoir familial, l'image publique, l'ascèse artistique, le sacerdoce de l'écriture, tout a cédé devant la catapulte blonde. Il aura fallu quatre ans, mais la citadelle Miller a fini par se rendre.

Intellectuel engagé, controversé et respecté, fils, père et mari respectable, Arthur Miller avait a priori tout à perdre en s'affichant au côté de Marilyn Monroe. Un dramaturge juif de quarante ans qu'on dit boute-en-train comme une porte de prison, coincé au possible, lové contre la plus célèbre bimbo du monde ? Un scénario qui ne tient pas la route une minute, un aller simple pour le désastre, et un profit inespéré pour la presse qui n'en croit pas ses yeux et applaudit des deux mains l'improbable union du « corps » et de l'« esprit ». Mais avant que n'éclate au grand jour l'histoire d'amour la plus invraisemblable du XXᵉ siècle et que les chroniqueurs mondains de la terre entière en fassent des gorges chaudes, il aura fallu passer par l'excitation honteuse de l'interdit, le mensonge, la culpabilité, le remords et le danger de la

clandestinité. Entre le début de 1951 où une starlette nommée Marilyn est venue émoustiller la libido endormie du dramaturge de passage à Los
Angeles, et 1955 où tous deux se retrouvent à
New York, la donne a changé. Monroe n'est plus
seulement désormais le fantasme sexuel et ina-
vouable d'Arthur Miller, elle est celui de millions
d'hommes. L'auteur à succès, lui, s'est retrouvé
sous les feux de l'actualité deux ans plus tôt avec
sa pièce brûlot *The Crucible* (*Les sorcières de Salem*). En cette année 1955 où s'étalent partout sur
les murs de New York les affiches de Marilyn à la
robe retroussée, Arthur Miller procède aux ultimes remaniements de sa dernière œuvre, *A View
from the Bridge* (*Vu du pont*), dont la première
aura lieu le 29 septembre. Miller et Marilyn se
sont-ils revus entre-temps ? Dès 1952 Marilyn ne
passe plus inaperçue et ses séjours à New York
sont limités. Si liaison il y a, elle est sans doute
épistolaire. Marilyn rêvait comme d'une suprême
reconnaissance d'épouser Miller ; et lui s'accro-
chait certainement à Marilyn comme à une illusion réconfortante, impossible et compensatoire.

En 1955, New York les réunit de force. Miller
assiste à la première d'*À l'est d'Éden* et, comme
toute la salle, n'a d'yeux que pour la sculpturale
ouvreuse dont il tente, de retour chez lui, d'oublier
la vision à grand renfort de douches froides.
Contre la poupée de Hollywood en bikini le dramaturge aurait peut-être résisté. Du moins s'il
avait cédé, se serait-il rapidement ressaisi. Mais au
cours de certaines soirées intellectuelles new-

yorkaises, c'est une autre femme que Miller découvre avec stupéfaction. Une femme que les convives présents ne reconnaissent pas, ne voient pas. Elle a réussi à être transparente, ce qui la repose, mais lui signifie aussi, peut-être, qu'elle n'existe pas. Un fantôme. Miller, lui, ne voit qu'elle, petite et fragile, sans maquillage, dépouillée de son personnage, perdue dans son histoire et sa légende, avec sa soif d'être comprise et d'être aimée, d'apprendre et de savoir, d'avoir un peu d'estime pour elle-même. Un appel à l'aide.

« Oh ! Papa ! » s'écrie-t-elle en se jetant dans ses bras.

Il ne pouvait plus, il ne voulait plus envisager sa vie sans elle.

Marilyn Monroe a envahi la vie d'Arthur Miller toujours marié, déchiré entre le monde qu'il a construit et l'inconnu, incertain et sulfureux, qui s'ouvre à lui. Rester un mari et un père accompli, se pardonner éventuellement l'écart d'un adultère bourgeois sans danger, ou tout risquer et s'abandonner au mirage d'un nouveau départ, d'une nouvelle vie ? Renaître au côté d'une femme belle et sexy, inconcevable jusque-là pour son milieu, désobéir à l'ordre établi, familial, vivre encore, vivre enfin ? Voilà ce à quoi, en 1955, Arthur Miller est confronté. Certains appellent cela la crise de la quarantaine. Chez la plupart des hommes elle finit par se tarir ; chez d'autres elle explose et entraîne tout dans sa déflagration. Miller est de ces derniers, le refusant encore, retrouvant comme un hors-la-loi lors d'étreintes furtives et forcément frustrantes l'objet de toutes ses pensées, de sa douloureuse obsession, aveugle, inconscient, possédé, libéré, persuadé que tout peut s'arranger, que tout va s'arranger. Ce n'est qu'une déraison passagère. Une enfant violée, une fille mariée à l'âge de seize ans, une pin-up pour militaires, qui n'a pas hésité à poser nue (Miller possède-t-il un exemplaire du fameux calendrier au fond d'un tiroir ?), a fait les couvertures de tous les magazines dans les accoutrements les plus obscènes, a la main lourde sur le champagne et ne dort qu'assommée aux barbituriques. De la folie pure.

À cette date, Miller peut-il ignorer par ailleurs qu'il n'est pas le seul à fréquenter la suite 2728 du Waldorf ? Comment soutient-il le regard du personnel de l'hôtel, des portiers, combien de « pourboires » doit-il verser pour s'assurer la discrétion de ses complices d'infortune ? Et les apparitions publiques de Marilyn au bras de son ex-mari ? Mais pourquoi l'austère Arthur Miller ne tirerait pas une certaine fierté de se savoir l'égal, le rival même de Marlon Brando, et d'avoir fait ployer la plus belle femme du monde ? Pourquoi ne s'enorgueillirait-il pas d'être l'amant caché, celui qu'on dissimule le plus car le plus vulnérable, le plus précieux ? Celui qui espère éclipser tous les autres et arrêter la Traviata dans sa descente destructrice ? Miller est sur les rangs et, au fil des jours, en première ligne. Comme le dévoile à cette époque une brûlante indiscrétion de la rubrique des potins : « La plus célèbre actrice blonde de l'Amérique est maintenant la petite amie d'un homme connu pour ses sympathies de gauche[1]... » Quelqu'un a parlé. De son côté le FBI ne perd pas une miette des ébats entre Monroe et Miller.

Bientôt, Marilyn s'installe dans un petit appartement au 2 Sutton Place Sud, où Arthur la rejoint régulièrement, s'efforçant de ne pas attirer l'attention. Elle n'est plus de passage. On dirait qu'elle envisage de rester un peu. Elle l'a transformé, assurent leurs amis poètes et écrivains communs. Miller est bouleversé. Jamais il n'a semblé si heureux, si amoureux, si jeune. Jamais elle n'a paru si touchante, si paisible. Tous deux rayonnent, irradient de bonheur. Leurs corps se cherchent sans cesse, leurs regards se trouvent et se caressent. Ils s'aiment follement. Il est question, murmure-t-on, de mariage. Arthur Miller a pris sa décision. D'une certaine façon, elle s'est prise toute seule. Un après-Marilyn est impensable. Aucun retour n'est possible.

Elle a réussi son pari insensé. L'actrice la mieux payée du monde désormais s'apprête à rentrer à Hollywood par la grande porte. Faisant amende honorable, la Fox a déployé le tapis rouge devant elle et lui a confié le rôle tragique de Chérie dans *Bus Stop* que doit réaliser Joshua Logan d'après une pièce créée triomphalement à Broadway. Auparavant, Marilyn s'est produite avec brio sur la scène de l'Actor's Studio : son interprétation émouvante d'Anna Christie dans l'œuvre éponyme de Strindberg, devant un parterre de théâtreux méprisants, lui a valu une *standing ovation* et les larmes de toute l'assistance.

Le 9 février 1956, les journalistes se ruent en masse à la nouvelle conférence convoquée par la divine blonde au côté d'un invité prestigieux : Laurence Olivier. Milton Greene a convaincu le grand acteur anglais de porter à l'écran la pièce qu'il a jouée avec succès en compagnie de son épouse Vivien Leigh, *The Sleeping Prince* (*Le prince et la danseuse*), et de remplacer cette dernière au cinéma par Marilyn. La *british* distinction face à l'*american* sex-symbol. Shakespeare contre Barbie. Un duo impossible ; un duel qui semble inévitable. Après quelques négociations, comme son nom en tête sur l'affiche, Sir Laurence se laisse tenter par l'aventure. Curieux, impatient, il vient en personne à New York rencontrer Marilyn et annoncer publiquement qu'il mettra en scène lui-même *Le prince et la danseuse*, premier film produit par la société Marilyn Monroe et Warner Bros. Auréolé de sa gloire scénique, Sir Laurence ne s'attend pas à l'accueil que lui réserve la presse new-yorkaise. Personne ne lui prête attention. Tous se ruent sur sa partenaire qu'ils mitraillent de flashs et de questions mordantes, moqueuses. Le désir de Marilyn d'être prise au sérieux est malmené par le scepticisme des critiques. Les attaques fusent. La star ne se démonte pas et répond du tac au tac. Quand enfin on s'intéresse un peu à Laurence Olivier, mortifié de jouer le faire-valoir de service, une bretelle de la robe de sa langoureuse voisine craque à point nommé, déclenchant l'alarme générale. Il faut bientôt faire évacuer la salle.

Sir Laurence repart bientôt pour Londres, les jambes en coton, l'esprit troublé, le corps vibrant des ondes qu'il a senties chez Marilyn, persuadé qu'il tombera fou amoureux d'elle et plongera dans ses bras le moment venu, incapable de résister à son magnétisme bestial, honteux d'en pincer pour une pareille créature, angoissé à l'idée d'avoir commis la pire erreur de sa vie en se jetant dans un tournage qui, à l'évidence, ne sera pas de tout repos. Marilyn quitte New York elle aussi et atterrit à Los Angeles, sobre et blonde, sûre de son effet, en petite robe noire chic boutonnée jusqu'au cou et mains gantées, sous les cris de milliers d'admirateurs et du crépitement de centaines d'appareils photo qui ont bien voulu attendre deux bonnes heures avant qu'elle daigne sortir de l'avion.

« Est-ce la nouvelle Marilyn Monroe ? » demandent les reporters.

« C'est juste ma robe qui a changé. Moi, je suis toujours la même. » (Voix susurrante et sourire coquin.)

Malgré ses traits d'humour et son art de séduire les journalistes, c'est pourtant bien une Marilyn nouvelle qui revient à l'Ouest. Une Marilyn qu'on dit plus dure, plus froide, plus incontrôlable que jamais. Toujours nomade, sans véritable domicile fixe. Milton et Amy Greene ont loué une maison sur Beverly Glen Boulevard où elle pose un temps ses bagages avant de partir en Arizona où seront tournées certaines scènes de *Bus Stop*. Pour ce film, Monroe a exigé de la Fox qu'elle engage à prix fort Lee Strasberg comme répétiteur personnel. Mais Lee ne peut délaisser l'Actor's Studio pour une si longue période et il délègue à sa place sa femme Paula, petite silhouette boulotte en robe noire, foulard noir, lunettes noires, sorte de duègne antique au visage sévère, qui va désormais suivre Marilyn pas à pas, comme une mauvaise conscience, et s'attirer la haine féroce de tous les réalisateurs et techniciens de plateau. Car à son retour de New York, après plus d'un an d'absence, Marilyn a congédié Natasha Lytess sans l'ombre d'une explication. Comme une malpropre. Elle refuse de la voir et de lui parler au téléphone. Comment comprendre ce trait de cruauté a priori gratuit et inattendu de la part de l'actrice vis-à-vis de quelqu'un qui lui a été très proche, et très utile ? Est-elle tombée à ce point sous la coupe des Strasberg ? Dans le désir intense de l'actrice de tirer un trait sur son passé et de recommencer à zéro sa carrière et sa vie, Natasha fait-elle figure de nécessaire sacrifiée ? Envisageait-elle vraiment d'écrire un livre sur Marilyn, ce qui aurait rendu folle de rage cette dernière ? Toujours est-il que Monroe n'a plus besoin d'elle. Elle ne reviendra pas sur sa décision, ne répondra à aucune des lettres de détresse que Natasha lui enverra jusqu'en 1962. Elles ne se reverront jamais plus.

C'est à présent Paula Strasberg, surnommée avec malveillance « Black Bart » (la « baronne noire ») par les gens de cinéma, qui ne quitte plus Marilyn, la bichonne, la flatte, la caresse dans le sens du poil, lui murmure des mots doux. Paula, cordialement détestée par Greene et bien entendu par Miller[*]. Au centre de ces sourdes rivalités, résolue à immoler l'ancienne Marilyn, la nouvelle n'y va pas par quatre chemins : pour le rôle de Chérie, cette pauvre fille sans talent, cassée par le manque d'amour et les illusions perdues, que va finir par séduire un cow-boy fougueux et naïf, elle prend tous les risques. À la grande inquiétude de la Fox, l'actrice décide qu'elle portera dans *Bus Stop* des costumes rafistolés par elle-même et non cousus sur mesure, la peau recouverte d'un maquillage blafard, les cheveux ternes et orangés. Pour couronner le tout, elle parlera avec une voix criarde à l'accent terrible et chantera faux le morceau qu'elle est censée entonner dans la scène du saloon. Pour le retour de Marilyn Monroe à l'écran, les dirigeants du studio, consternés, tentent de s'opposer à cette dangereuse lubie. Ce qu'ils veulent, eux, c'est le sex-symbol. Mais l'actrice, soutenue par Milton Greene et par Joshua

[*] Dans le triangle érotico-amoureux-professionnel tracé autour de Marilyn, les rapports de force sont les suivants : Arthur Miller ne supporte pas le couple Strasberg qu'il considère comme des charlatans et cherche à évincer peu à peu Milton Greene des Marilyn Monroe Productions, soit par jalousie pure, soit par calcul pécuniaire — soit les deux ; Milton Greene accepte mal l'emprise des Strasberg sur Marilyn et se méfie de Miller comme de la peste ; enfin Lee et Paula Strasberg estiment que la star a besoin d'eux et de leur « Méthode » avant tout, tant pour son travail d'actrice que pour son équilibre psychique. Ils n'aiment ni Greene, trop vulgaire, ni Miller, trop prétentieux.

Logan, campe sur sa position. Quand il a appris que c'était Marilyn qui allait incarner Chérie, le réalisateur a d'abord poussé des cris d'orfraie, considérablement aggravés quand il a su qu'elle avait imposé à ses côtés l'omniprésence de Paula Strasberg. La réputation d'une Marilyn ingérable, aux retards monstrueux, capable de faire rejouer la même scène d'innombrables fois et d'exploser le budget d'un film, a fait le tour du monde. Logan craint de devenir fou. Par ailleurs, il ne croit pas à son talent de comédienne et la prend pour une pin-up de calendrier. En lot de consolation, il obtient de la Fox que Paula reste en coulisse et n'apparaisse pas sur le plateau.

Joshua Logan va rapidement changer d'avis (en bien). Les techniciens aussi (en mal). L'ex-starlette timide et effarouchée comme un oisillon, qui avait toujours un mot gentil pour chacun, est maintenant une femme indifférente, glaciale, concentrée, qui ne parle qu'à Paula, n'écoute que Paula, somme de recommencer les prises encore et encore tant que Paula n'est pas satisfaite. Avec toujours cette lutte contre l'angoisse et la dévalorisation de soi, cette guerre contre elle-même qui nécessite parfois plusieurs heures, pour parvenir à sortir de la loge et affronter le regard et le jugement des autres. Mais au final, le résultat est époustouflant, Marilyn criante de vérité tragique, d'émotions, piégée, prisonnière, cherchant à fuir, à échapper au lasso de l'homme qui veut la posséder, Marilyn, fatiguée par la vie et rattrapée par l'amour, qui n'a pas hésité à se défigurer pour se recomposer une identité, à s'enlaidir pour renaître. Logan doit l'avouer, il est impressionné et va même jusqu'à crier au génie, compare Monroe à Garbo et à Brando. L'exaspération qu'il ressent parfois devant certains blocages de son actrice et le temps perdu qu'il lui faut pour « retrouver » le personnage qu'elle joue, sont largement compensés par sa performance. Une vraie professionnelle, impitoyable avec elle-même, unique à l'image, qui justifie le prix à payer et les nerfs à vif de tout un chacun.

L'équipe part bientôt en Arizona tourner les scènes de rodéo. Arthur Miller s'est installé pour six semaines, non loin de là, dans le Nevada, afin de faire accélérer la procédure de divorce qu'il a entamée contre sa femme Mary. En cachette, les amants parviennent à se retrouver certains weekends à Los Angeles, au château Marmont où Marilyn a pris une suite, tant par souci d'indépendance vis-à-vis des Greene que par incapacité à vivre bien longtemps au même endroit. Même si la rumeur de leur liaison court à présent sur toutes les lèvres, Miller et Marilyn doivent rester extrêmement discrets. D'une part parce que, bien que séparé, l'écrivain est encore légalement marié et que les relations avec sa future ex-épouse ne sont pas au beau fixe[*]. D'autre part, parce qu'il est dans la ligne de mire du Comité des activités

***

[*] Dans le cadre de son divorce il est tenu de résider pendant six semaines à Reno sans en sortir.

anti-américaines. C'est donc en prenant des risques inconsidérés que la star et le dramaturge se rejoignent en fin de semaine à la luxueuse résidence d'où ils ne sortent pas pendant trois nuits. Si Miller semble plutôt assumer ses choix privés et leurs conséquences (la fin de seize années de mariage, la colère douloureuse de Mary, le désarroi de ses deux enfants) avec une relative sérénité (lors des six semaines passées à Reno il commence même à écrire une nouvelle pièce), Marilyn est déséquilibrée par cette situation tenue encore plus ou moins secrète, non officialisée, où pour l'heure elle demeure la maîtresse d'un homme marié dont elle va détruire le foyer. La petite fille qui voulait qu'on la regarde a besoin de lumière. Que la vérité éclate donc enfin au grand jour, que tout le monde sache qu'Arthur Miller, le grand intellectuel new-yorkais, et Marilyn Monroe, s'aiment ; que la terre entière ait la preuve qu'elle est bien plus qu'un corps, une « tête de paille » ! Elle n'en peut plus d'impatience.

Le lundi, quand le tournage reprend, elle ne parvient pas à se concentrer, à rejoindre Chérie. D'autant plus que le tournage de *Bus Stop* est harassant. L'actrice vomit entre les prises. Il lui arrive d'appeler Miller en pleurs au téléphone. L'équipe la déteste, elle en est certaine ; Logan la tyrannise, même s'il est, estime-t-elle, le plus grand metteur en scène à qui elle ait eu affaire jusque-là. Quant au jeune premier engagé pour lui donner la réplique, Don Murray, il est épouvantable avec elle, odieux, vaniteux, méprisant, au point que lors d'une scène violente, elle l'a frappé pour de vrai et a refusé de s'excuser ensuite. Personne ne la respecte, elle en a assez. Heureusement que Paula est là, qui lui fait agiter les mains pour la détendre et la couvre de louanges.

Oh, papa, comme j'ai besoin de toi.

Dans sa cabine téléphonique, Miller écoute, transpire, chancelle. Chaque soir, il attend l'appel de Marilyn sous un nom de code, sa petite voix bredouillante et fragile comme de la soie qui lui donne des secousses électriques. Un jour, il en perd même conscience.

En juin 1956, Arthur Miller, fraîchement divorcé*, rentre à New York où Marilyn, qui en a terminé avec *Bus Stop*, l'a précédé. Il leur est à présent difficile, voire impossible, de ne pas dévoiler leur amour au grand jour, cible favorite des échotiers. Vingt-quatre heures sur vingt-quatre, les journalistes font le guet devant l'immeuble de Marilyn, traquent ses moindres déplacements, connaissent toutes les entrées de service, les issues de secours, la repèrent sous sa perruque, la devinent sans maquillage. De plus en plus submergée par ces vagues qu'elle déclenche, la jeune femme, effrayée, se retranche dans un décor de meubles blancs et champagne, où le monde réel s'éloigne de façon chaque fois plus irréversible pour laisser place à un univers aseptisé, cloisonné et factice. Dans sa cage d'ivoire, Marilyn, en exil de son per-

* Mary a été reconnue coupable de « cruauté mentale ».

sonnage, cherche à se reposer des batailles qui sé-
vissent inévitablement dans son entourage, comme
si les gens qui l'aimaient ne pouvaient que se haïr
entre eux pour mieux l'écarteler de tous côtés. Paranoïaque, elle se méfie de tout le monde, se voit
souvent assaillie d'ennemis, guette l'éventuelle tra-
hison de l'un, distingue mal ses « vrais » amis des
profiteurs, se trompe d'adversaires, se prend d'engouement pour quelqu'un puis le rejette soudain
violemment. Une fois un tournage achevé, Marilyn Monroe laisse triompher en elle solitude et
défaite. Sa vie est d'une effrayante tristesse. Entre
ses murs blancs, elle passe ses journées et une partie de ses nuits au téléphone, abrutie de sédatifs
ou d'excitants, dans un laisser-aller sidérant, dor-
mant n'importe comment, mangeant n'importe
quoi, évitant de s'approcher des fenêtres d'où l'on
pourrait la voir et d'où, surtout, elle serait trop
tentée de sauter.

Présente en permanence à ses côtés, Lena Pepitone, sa domestique new-yorkaise, assiste régulièrement à l'incroyable métamorphose de sa
patronne quand il lui faut pour une raison quelconque redevenir Marilyn Monroe, sex-symbol
universel. Son coiffeur, son maquilleur, son ha-
billeur, sa manucure, son masseur, toutes ces
petites mains qui œuvrent à la poupée blonde,
marionnettistes sans le savoir, ne parviennent pas
à s'y faire, impressionnés, quand, au bout de huit
ou neuf heures de façonnage, ils voient surgir de
ce petit être fragile, éteint, laid et parfois puant,

la plus belle femme du monde, invincible et redoutable.

Entre les deux, la petite fille tâche de tenir debout, navigue entre ses extrêmes au bord de la noyade, se demande à quoi bon, se plaît à recevoir ses invités nue et démaquillée, histoire de casser le mythe et de tester comme une enfant si on l'aime pour elle-même. Mais en privé seulement. En public, elle le sait, Marilyn Monroe est sa barricade. Impossible de sortir sans elle. On la déchiquetterait.

La moindre imprudence se paie comptant.

Le 21 juin 1956 à l'aube, Marilyn commet une erreur. Elle pense qu'il est encore bien tôt, que personne n'est à l'affût et ne la verra quitter discrètement, sans fard et sans perruque, avec de simples lunettes noires, son domicile. Elle cherche à fuir. Quoi ? Qui ? Mais elle ne le peut pas. Quand elle comprend qu'elle s'est fourvoyée, il est trop tard. Les journalistes ont jailli de partout, l'ont resserrée dans leur étau, l'empêchant d'avancer comme de rentrer chez elle. Elle est prise au piège, coincée devant sa porte, et les flashs crépitent de toutes parts, impitoyables, insensibles aux supplications de la petite proie qui cherche à protéger son visage, joue la carte de la complicité, implore, pleure, s'écroule.

« Laissez-moi, les gars, je suis affreuse, par pitié, les gars, laissez-moi. »

En vain. Ils veulent tout savoir, tout prendre, tout vendre. Pour les arrêter, Marilyn est contrainte d'avouer sa liaison avec Arthur Miller. Sous la torture, on confesse des crimes qu'on n'a pas perpétrés.

Les clichés de Monroe sans maquillage feront le tour du monde.

Aujourd'hui pour toujours

Le même jour, Arthur Miller répond à la convocation du Comité sur les activités anti-américaines. Afin d'accompagner Marilyn à Londres où le tournage du *Prince et la danseuse* doit débuter pendant l'été, il a fait une demande de passeport. Seul le Comité a le pouvoir d'y accéder. Marilyn appréhendait-elle la comparution de Miller, redoutant qu'il ne se fasse « massacrer[1] » ? Ou bien, est-ce elle, plus vindicative, qui l'aurait au contraire exhorté à ne pas céder et à ne livrer aucun nom[2]. Bataille entre « millériens » et « monroéistes » sans grand intérêt. Marilyn n'a aucune culture politique. La compassion qu'elle peut témoigner envers les plus faibles, y compris les animaux ou les plantes, n'est que la manifestation instinctive d'un égocentrisme implacable où le moindre malheur (une fleur écrasée) la renvoie à son propre naufrage et à son délire de persécution. En revanche, une chose est sûre : Monroe a besoin de héros. Pour aimer un homme, elle doit l'admirer démesurément. Miller n'a pas le choix :

s'il ne veut pas déchoir dans l'estime de sa bien-aimée, il doit rester vaillant, au risque, il le sait, de briser sa carrière, comme de nombreux artistes alors, interdits d'exercer pour moins que cela. On prétend que le président du Comité lui aurait proposé en sous-main un compromis à l'amiable : une photo de lui avec Marilyn Monroe et tout était arrangé[3].

Miller s'est gardé d'en parler à sa belle.

Le 21 juin 1956, tandis qu'après l'assaut de la meute journalistique Marilyn s'est à nouveau barricadée chez elle, au bord de la dépression nerveuse, et se gave de tranquillisants pour retrouver ses esprits, à Washington Arthur Miller avoue devant le Comité sa participation quelques années auparavant à des réunions communistes, mais refuse de décliner l'identité des autres membres. À la mi-journée, à la question « Pourquoi voulez-vous un passeport ? », il répond : « Pour séjourner en Angleterre avec la femme que je vais épouser. » L'information l'emporte immédiatement sur le reste de l'actualité et fait le tour des médias en un clin d'œil. Consternée, furieuse même, Marilyn apprend à la radio qu'elle va devenir Mrs Arthur Miller, sans que ce dernier le lui ait formellement demandé. Comme si son consentement coulait de source. Elle est prise de court. De plus, après son échauffourée matinale, il faut qu'elle se rattrape vis-à-vis de la presse. En hâte, elle appelle à la rescousse ses accessoiristes habituels et convoque les journalistes dans l'après-midi pour une petite conférence sur le pas de sa porte. Cette fois remodelée et préparée au jeu, Marilyn Monroe tout sourire, pleine d'assurance et d'espièglerie, confirme à un parterre de reporters l'imminence de son mariage avec Arthur Miller. Pendant ce temps, le Comité adresse au dramaturge un ultimatum de dix jours.

L'annonce officielle de l'union de la bombe sexuelle et de l'intellectuel engagé défraye la chronique internationale. Des envoyés spéciaux arrivent de partout. Pour avoir un semblant de paix, Miller comprend rapidement les règles : accepter de donner de temps à autre une interview et accorder quelques photos. Le 29 juin, une soixantaine de journalistes sont donc « invités » dans le Connecticut chez Miller. Pendant que le couple déjeune en secret non loin de là, ils sont en fait plus de quatre cents à débarquer dans la propriété familiale. En début d'après-midi, alors qu'elle avait pris en filature l'actrice et l'écrivain, une correspondante de *Paris-Match* se tue en voiture. Son sang éclabousse le pull jaune de Marilyn qui doit, quelques minutes plus tard, à grand renfort de sédatifs, faire front face à la presse. Mauvais présage, chuchote Paula Strasberg. Le soir même, Miller et elle sont mariés par un juge. L'ultimatum du Comité expire le lendemain. L'écrivain n'a pas cédé. L'aura mondiale dont il bénéficie grâce à son mariage avec Marilyn Monroe joue indéniablement en sa faveur. Bien que condamné pour outrage à magistrat, Miller paradoxalement obtient son passeport (décision absurde dont on murmure qu'elle aurait pu avoir été influencée par l'intervention discrète du sénateur Kennedy).

Le 1er juillet 1956, Marilyn en robe blanche et voilette, fraîchement convertie au judaïsme après une séance de deux heures auprès d'un rabbin réformiste, s'enferme au premier étage de la maison louée à l'occasion de la cérémonie religieuse. Autour d'elle, les Greene, les Strasberg. En bas, quelques invités triés sur le volet attendent la mariée et ignorent tout du drame qui se joue au-dessus de leurs têtes : Marilyn Monroe ne veut plus épouser Arthur Miller[*].

Terreur soudain de décevoir, d'être déçue, de ne pas être à la hauteur, d'être rattrapée par ses démons, incapable de rester fidèle au corps d'un seul homme. Conscience d'être manipulée, de ne plus rien contrôler. Impuissance à construire. Sentiment peut-être que la course qu'elle livre contre le gouffre et le temps n'est plus très loin de son terme. Et que si elle échoue encore une fois auprès d'un être en qui elle place tous ses espoirs, à qui elle demande l'impossible, de qui elle attend tout, trop, elle en mourra sans doute. Marilyn a peur du monstre qui est en elle.

« Si tu ne veux plus te marier, tu ne te maries pas, lui dit Milton Greene. Je m'occupe de tout. »

Mais l'appel de la famille est le plus fort. Avec Arthur, Marilyn a aussi trouvé une mère, Augusta, et surtout un père, Isadore, tous deux âgés de plus de soixante-dix ans. Tout de suite elle s'est prise

[*] Dans sa pièce *Après la chute,* Arthur Miller a mis en scène en 1964 son histoire avec Marilyn, dont le récit de leur mariage et les doutes de dernière minute de la mariée.

pour eux d'une immense affection. « Me permet-
tez-vous de vous appeler papa et maman ? C'est la
première fois que je peux dire papa et maman. »
Émus, les deux vieux l'ont adoptée sur-le-champ.

Alors Marilyn Monroe descend dans sa troisième ou quatrième robe blanche de triste vestale,
sous les yeux éblouis des enfants et des parents
Miller. Et elle dit oui à tous. À l'espoir. Dans les
alliances que les nouveaux mariés s'échangent, ils
ont fait graver ces trois mots : « Aujourd'hui pour
toujours. »

Mrs Miller

Le 13 juillet 1956, le plus célèbre couple du monde arrive en Angleterre où il est accueilli avec tous les honneurs et les inévitables bousculades par Sir Laurence Olivier, Vivien Leigh et des centaines de journalistes sortis pour une fois de leur flegme légendaire. Les jeunes mariés s'éclipsent dans un château somptueux, à Parkside House, propriété de cinq hectares voisine de celle de la reine, entourée de hauts murs, qui compte une bonne dizaine de chambres et une demi-douzaine de domestiques. Le 24 juillet, une réception luxueuse, avec tout ce que l'Angleterre compte de titres et de célébrités, est organisée pour leur souhaiter la bienvenue. La presse britannique tente de traquer les tourtereaux tandis qu'on vend un peu partout le fameux calendrier à scandale et des objets souvenirs. Pas encore tout à fait habitué à être un phénomène de foire, mal à l'aise dans ce luxe qui heurte ses convictions politiques, dépassé par l'hystérie suscitée par sa femme, Miller se crispe et se ferme davantage, quand précisément celle-ci, écrasée par son complexe d'infériorité, l'appelle au secours. Un mur d'incompréhension s'élève déjà lentement entre eux. Découragée par la froideur apparente de son époux, en proie aux insomnies qui la rongent, terrorisée à l'idée d'affronter la caméra, Marilyn se réfugie chaque fois plus dans l'alcool et les médicaments, cherche un abri auprès de quiconque susceptible de la rassurer. D'Amérique, elle n'est pas venue seule. Paula Strasberg, Milton Greene et une amie new-yorkaise au goût excessivement prononcé pour la bouteille, Hedda Rosten, se disputent sa suite.

Quand, fin juillet, le tournage commence, Marilyn Monroe est une sorte de monument à moitié écroulé dont ne demeure que la façade et qui tient debout par miracle. La voiture qui vient la chercher tous les matins à sept heures emporte la plupart du temps avec elle, au terme de quelques heures d'attente, une créature épuisée qui n'a pas dormi de la nuit, tremble de peur, redoute le jugement qu'on portera sur son jeu, et se débat contre les pulsions contradictoires qui la traversent. Joshua Logan s'était permis d'écrire quelques conseils à Laurence Olivier : se montrer d'une patience infinie avec Marilyn ; ne pas la brusquer ; ne pas lui imposer une manière de jouer mais la laisser trouver toute seule (même si c'est long) ; et tâcher d'évincer au mieux la « baronne noire ». Le résultat en vaut la peine, avait-il précisé, Marilyn Monroe est une actrice époustouflante et unique à l'écran. D'ailleurs, début août, toute la presse internationale salue sa performance dans *Bus Stop*.

Même les critiques qui l'avaient jusque-là copieusement méprisée font profil bas devant elle. Sa valeur est enfin reconnue. On évoque son nom pour les prochains oscars[*].

Mais Sir Laurence, qui a déjà suffisamment maille à partir à la maison avec sa femme[**], ne fait preuve d'aucune compréhension à l'égard de sa partenaire. Au contraire, il multiplie les maladresses, présente Marilyn à tous ces techniciens avec une condescendance qui n'échappe pas à l'intéressée : « Miss Monroe, adorable petite personne qui arrive de Hollywood et n'a pas l'habitude de travailler comme nous. » Puis excédé par ses retards monstrueux, le réalisateur finit par lâcher un jour : « Tout ce qu'on te demande, Marilyn, c'est d'être sexy. » Lui qui s'était imaginé une aventure croustillante dans les bras du sex-symbol, est peut-être vexé du peu d'attention que celle-ci lui porte, du peu d'impression qu'il lui fait. Sans doute interprète-t-il son attitude comme un manque de respect à son autorité, et ne perçoit-il pas que, dans un premier temps, Marilyn est paralysée par la timidité de jouer avec un des plus grands acteurs shakespeariens. Ce qu'il prend pour de la vulgarité américaine est en réalité une humilité maladive. Marilyn est totalement dépourvue de vanité. Elle s'efforce juste du mieux possible de ne pas s'effondrer et de se montrer bonne actrice. Le « sois sexy » que lui adresse Laurence Olivier

[*] Marilyn ne sera en fait même pas nommée.
[**] Vivien Leigh souffre de dépression nerveuse.

l'anéantit. À partir de là, elle ne lui adresse plus la parole. Aux directives du maître, elle répond systématiquement par une question posée à Paula Strasberg : « Que dit-il ? » Parfois, elle quitte le plateau au beau milieu d'une prise, fait attendre les autres comédiens pendant des heures ou ne se présente pas du tout, plongée dans un état second. Laurence Olivier fulmine de rage et passe ses nerfs sur Milton Greene dont la tâche épineuse consiste à ne pas perdre d'argent en tant que producteur tout en restant du côté de Marilyn. Miller, largement dépassé par la situation, contrarié par la présence de Paula, et qui subit toutes ces journées en tournant en rond sans pouvoir écrire une ligne, harassé par des nuits sans sommeil, se demande comment sortir au plus vite de ce cauchemar. Le doute l'envahit. Dans son carnet de notes, il s'interroge : et si Sir Laurence n'avait pas tout à fait tort quand il clame que celle qu'il a prise pour un ange, lui Miller, est au fond une garce faiseuse d'ennuis ? La sentence est implacable : « La seule que j'aie jamais aimée, c'est ma fille[*]. »

Marilyn tombe sur le carnet de notes.

L'aveu d'Arthur Miller achève de la détruire. Le monument s'affaisse irréversiblement. Devant l'imminence du désastre, Paula fait appel à Anna Freud le temps de quelques séances, et demande l'aide de son mari qui débarque aussitôt de New York en compagnie de la psychanalyste de Marilyn. « Ma chérie, tu es la femme la plus extraor-

---

[*] On retrouve cette scène dans *Après la chute* d'Arthur Miller.

dinaire, la créature la plus incomparable de toute ton époque, et même de tous les temps ; je ne vois vraiment pas qui pourrait te surpasser — non, pas même Jésus —, tu es encore plus populaire que lui », répète inlassablement Paula à l'actrice devant un Laurence Olivier qui n'en croit pas ses oreilles[1]. Portée à bout de bras par toutes ces flagorneries, Marilyn parvient tant bien que mal à se redresser et à terminer le film. Le dernier jour, de sa petite voix tremblante elle demande pardon à toute l'équipe d'« avoir été si moche ».

Pourtant, encore une fois, le miracle s'est accompli. Sur la pellicule Monroe est plus sublime que jamais, avec ses cheveux d'un blond naturel tirant sur le roux, touchante, écrasant complètement Laurence Olivier (forcé de l'admettre) qui paraît à l'inverse, avec son monocle et sa façon condescendante de parler, crispé, ridé, figé et glacial. Marilyn et ses grands yeux bleus qui implorent l'amour, tout en courbes adorables dans sa robe blanche, avec son ventre et ses fesses rebondies, envahit l'écran d'un bout à l'autre du film et, comme à son habitude, imprègne son rôle d'une humanité débordante. Spontanée, radieuse (la bande-annonce cinéma n'y va pas, d'ailleurs, par quatre chemins : « Marilyn Monroe dans son rôle le plus joyeux »), l'actrice parvient à faire saillir ce mélange de sensualité et d'innocence qui lui est si caractéristique. Basé sur une intrigue fort mince (un prince étranger tombe sous le charme d'une danseuse américaine de cabaret à Londres), *Le* *prince et la danseuse* est une comédie sentimentale à l'eau de rose, parsemée de poncifs et de longueurs épouvantables. Seule la présence lumineuse et irrésistible de Marilyn, dont la mouche est descendue sur le menton, justifie encore qu'on y porte quelque intérêt[*]. Toutefois, le rôle d'Elsie Marina n'est pas très consistant et renvoie l'actrice à ces personnages au grand cœur, d'origine modeste, ingénus, tendres et sentimentaux, dont elle aimerait sortir, mais qui lui assurent les faveurs du public. Aux yeux des spectateurs, Marilyn demeure une éternelle orpheline.

À l'écran comme lors de réceptions officielles, ou encore devant la reine Élisabeth II à qui elle est présentée, Marilyn, n'en déplaise à Sir Laurence, est sans doute la meilleure comédienne du monde, parvenant à feindre un appétit de vie, une joie et une légèreté, une naïveté que l'on croit spontanés, quand en elle ne résonne plus pourtant que l'écho des choses brisées.

En octobre 1956, Marilyn Monroe et Arthur Miller sont de retour aux États-Unis, accrochés l'un à l'autre comme à un appareil respiratoire. L'actrice a décidé de ne pas travailler pendant quelques mois afin de s'épargner l'épreuve cauchemardesque d'un nouveau tournage et de faire tous les efforts possibles pour sauver son mariage

---

[*] On retiendra quelques clins d'œil personnels à la légende Monroe : dans sa première scène Marilyn est en retard, ce qui fait dire à la meneuse de revue du Coconut Girl : « Quand donc cette fille arrivera-t-elle à l'heure ? » L'instant d'après, au moment où elle est présentée à Laurence Olivier, la robe de sa bretelle craque.

ébranlé par le séjour londonien*. Auprès des parents Miller, elle apprend à cuisiner des spécialités juives. À Long Island, dans le village d'Amagansett où Arthur et elle louent une villa, elle l'accompagne à la pêche. Marilyn, pour l'heure, est obsédée par une idée fixe : avoir un enfant. Elle a trente ans, et dans son corps qui fait fantasmer toute la planète, son corps malmené, manipulé, maintes fois violenté et caressé, son corps indifférent et frigide, elle voudrait entendre pour la première fois, peut-être, la vie. Arthur est content et approuve la décision de sa femme. Débarrassés de toute la clique qui rôde autour d'elle habituellement, juste tous les deux (ou à peu près), ils vont peut-être parvenir à vivre comme des gens normaux. Il espère aussi retrouver sa veine créatrice largement tarie au cours des derniers mois. À Londres, il n'a écrit qu'une petite nouvelle, *The Misfits* (*Les désaxés*), inspirée par sa résidence forcée à Reno dans le Nevada au milieu de postulants au divorce et de vieux cow-boys désabusés.

Partagés entre Amagansett et un nouvel appartement new-yorkais sur la 57e Rue, Marilyn et Miller tentent de cohabiter. Tandis qu'il essaie d'écrire, Mrs Miller fait son marché au village de pêcheurs, ou bien, sous la perruque noire de Zelda Zonk, erre à Manhattan, fréquente les musées, rend visite aux quartiers défavorisés, donne à

---

* Sammy Davis Jr a même prétendu que pendant le tournage du *Prince et la danseuse*, Marilyn a entretenu une liaison avec un de ses amis qu'elle retrouvait dans une maison le soir.

manger aux pigeons et aux poissons. Il lui faut bouger sans cesse, se déplacer d'un endroit à un autre, peupler ses journées et ses nuits de mouvements vitaux. En fuite, toujours. À la maison, Marilyn passe l'aspirateur, fait la vaisselle et s'évertue à préparer des petits plats. Un retour aux années Dougherty, aux fantasmes DiMaggio. Tout ce qu'elle n'a jamais voulu être, tout ce qu'elle n'a jamais été. Mais n'est-ce pas là le seul moyen d'entendre son cœur battre ? Comment ne pas ployer sous de tels paradoxes ? Marilyn se laisse aller et grossit à vue d'œil. Des témoins la disent bouffie. Mais son ventre reste vide et son corps s'enfonce dans la vase de l'insomnie et de la tristesse. La nuit, Miller est obligé de lui tenir la main et de la rassurer. Parfois elle ne s'endort qu'à l'aube, coupable d'empêcher le dramaturge de travailler. Début 1957, elle entre au Manhattan's Doctors Hospital. Officiellement pour effectuer des examens gynécologiques. En réalité à cause d'une dépression nerveuse. À son chevet, Arthur l'entoure d'une affection paternelle. Remise d'aplomb, elle change de psychanalyste, s'agrippe aux branches basses de son quotidien, se tranquillise en Marilyn Monroe par quelques rares apparitions publiques pour des campagnes publicitaires ou des inaugurations de monuments, toujours avec un retard impressionnant, cache ses larmes à son époux. Alors que la Fox lui avait interdit de le faire et l'avait même menacée de sanctions, elle accompagne celui-ci en mai lors de sa nouvelle convocation à Washington. « Je suis fière des positions de mon

mari et je le soutiendrai jusqu'au bout », annonce-
t-elle fermement à la presse[2]. Fière et vampirisée
en même temps, effrayée par les longs silences de
Miller qu'elle ne comprend pas et prend pour une
condamnation à son égard, sa froideur qui a tout
du mépris. Le mois précédent, après avoir visionné le montage final du *Prince et la danseuse*,
Marilyn, affreusement déçue, a mis fin, sous les
conseils d'Arthur, à son association avec Milton
Greene, remplacé dans la foulée par un proche du
dramaturge. C'est ce dernier désormais qui lit les
scénarios destinés à sa femme, choisit, s'impose
comme coscénariste. Lui aussi qui, à présent, doit
lui fournir les médicaments et autres substances
palliatives nécessaires à sa détresse. Lui encore qui
la retient un jour de sauter par la fenêtre de leur
appartement[3].

En juin, la première du film de Laurence Olivier
où se montre une Marilyn épanouie au bras de
Miller ne convainc pas la critique qui épargne cependant l'actrice et salue sa performance. Une fois
de plus cependant, elle n'est pas nommée pour les
oscars et n'obtient que des récompenses mineures.
Comme si le monde du cinéma lui signifiait qu'il
ne l'accepterait jamais. En dépit de ses efforts
pour faire oublier son passé, l'ombre de la blonde
la rattrape toujours, lui refusant cette respectabilité qu'elle cherche tant.

Pendant l'été, elle s'aperçoit qu'elle est enceinte.
Mélange de joie suprême et d'angoisse oppressante. Mémoire, blocage d'un corps étouffé et violé
qu'on a forcé à ne pas grandir. Le 1er août, Miller

l'entend hurler de douleur et la trouve quasiment inanimée dans le jardin d'Amagansett. Marilyn est en train de perdre son bébé. Il faut trois heures à l'ambulance pour la conduire à l'hôpital. La main de Miller dans la sienne, Marilyn, terrassée par d'abominables souffrances, écoute la mort gagner du terrain. Aux journalistes qui la guettent à sa sortie quelques jours plus tard, elle sourit bravement. Mais elle ne réapparaîtra pas en public jusqu'à la fin de l'année.

Elle passe sa convalescence à la campagne. Grâce à son argent, Miller a acheté une vieille ferme à Roxbury qu'ils ont peuplée d'animaux variés. Croyant faire plaisir à sa femme qu'il entoure de sa protection exclusive, l'écrivain a remanié pour elle sa nouvelle *Les désaxés* en scénario de cinéma. Il y a considérablement étoffé le rôle de Roslyn qu'il offre à Marilyn. En gage d'amour, selon lui, car il prétend ne pas aimer l'écriture scénaristique qui prostitue son art ; pour l'argent, l'accuse-t-elle en sourdine. De toute façon, elle n'aime ni l'intrigue ni ce personnage cassé par la vie, maniaco-dépressif, trop proche d'elle, calqué sur elle. Arthur se sert de leur vie privée. Ne chercherait-il pas à tirer profit d'elle, lui aussi ? Que doit-elle faire ? Tenter à nouveau d'avoir un enfant ? Tourner un film ? À Roxbury, tandis que Miller travaille du mieux qu'il peut, elle s'ennuie à mourir, sauf quand les enfants d'Arthur sont là et qu'elle peut jouer avec eux comme une gosse. Mais, en fin de compte, lasse de jouer les ménagères accomplies, Marilyn revient à New York. Ses journées s'écoulent entre des visites à différents médecins, les cours à l'Actor's Studio et d'innombrables coups de fil aux quatre coins des États-Unis. Parmi un de ses fidèles interlocuteurs, toujours disponible et rassurant, il y a l'éternel Joe DiMaggio.

L'existence de la pétillante Marilyn Monroe est en privé d'une morosité douloureuse. Les dîners silencieux en tête à tête avec Miller la mettent au supplice. Elle se bourre de gélules qu'elle prend l'habitude d'arroser d'alcool et de percer pour que leur effet soit plus rapide. Jusqu'à l'intoxication. C'est son époux qui la sauve un soir in extremis. Urgences. Lavage d'estomac. Il faut qu'elle sorte de ce piège. Il faut qu'elle tourne, lui répète Miller. D'autant plus, ajoute-t-il, que leurs ressources s'épuisent. Son divorce, la pension alimentaire versée à son ex-femme et son procès l'ont quasiment ruiné. Il n'a rien écrit depuis longtemps (implicitement : à cause d'elle). Ils vivent tous deux sur les cachets de Marilyn. Un nouveau film serait le bienvenu.

Petite poule aux œufs d'or, il serait grand temps que tu pondes.

Mais *Les désaxés*, non, Marilyn n'en veut vraiment pas, même si c'est Huston qui pourrait réaliser le film, comme le lui a assuré son mari. L'insistance de Miller l'agace. Le désespoir de Roslyn lui fait peur. Alors, parmi tous les personnages de blonde stupide que lui proposent les scénarios déversés chaque jour dans sa boîte à lettres, elle finit par céder aux injonctions d'Arthur et accepte, blessée, furieuse, humiliée, celui de Sugar dans *Some Like It Hot* (*Certains l'aiment chaud*), la prochaine comédie de Billy Wilder. On lui offre un million de dollars.

Le rôle le plus bête de toute sa carrière, soupire-t-elle.

I'm through with love,
I'll never fall again[*]

Certains l'aiment chaud est sans doute le plus célèbre film de Marilyn Monroe et la douce Sugar Kane sa plus remarquable performance. Mais au printemps 1958, l'actrice ne l'envisage pas de cette manière. Une chanteuse sans voix, qui joue de l'ukulélé, avec un petit penchant affirmé pour la bouteille et les milliardaires, nunuche au point de se prendre d'amitié pour deux musiciennes sans s'apercevoir que ce sont en réalité des travestis, voilà comment on la perçoit à Hollywood ? Retour à la blonde, car Sugar sera diaphane et oxygénée à l'extrême. Et le respect que son mariage avec l'intellectuel aurait dû lui apporter ? Elle lui en veut. Contre lui, la rançœur s'accumule. Ne l'aurait-il pas épousée par pure vanité ? Ou par intérêt ? Sa confiance s'est évanouie un soir de Londres. Elle ne reviendra pas. Par ailleurs, après un an et demi d'absence des plateaux, comment surmonter l'angoisse de la caméra, la terreur de

[*] « J'en ai fini avec l'amour, je ne me ferai plus avoir », chanson de Matty Malneck, Gus Kahn et Jerry Livingston reprise par Marilyn dans Certains l'aiment chaud.

n'être pas parfaite, de n'être plus que sa propre caricature ? Comment, sans un arsenal médical de premier ordre et le recours abusif à la Méthode Strasberg ? Sans parler de la cohabitation avec Wilder qu'elle sait tyrannique et borné. Ils me tueront, se dit Marilyn dans ses crises de paranoïa, ils me tueront tous autant qu'ils sont, une fois qu'ils auront pompé mon chagrin jusqu'à la dernière goutte et s'apercevront que je ne rapporte plus d'argent.

Sur les instances d'Arthur Miller, Billy Wilder en personne, accompagné des deux comédiens qui doivent partager l'affiche avec Monroe, Tony Curtis et Jack Lemmon, fait le voyage jusqu'à New York afin de la rassurer. Devant la force du nombre, elle se résigne, se met au régime et se prépare doucement au calvaire qui l'attend pendant l'été (le tournage est prévu à Los Angeles du 4 août au 17 septembre). Au côté de Lee Strasberg, elle part à la recherche de Sugar Kane. Avant de l'incarner à l'écran, il lui faut trouver sa vérité, percer toutes les subtilités et les paradoxes qui composent le personnage. Sans oublier de faire jaillir d'elle ce délicat mélange de candeur comique et de volupté qui va être toute sa force.

Le 8 juillet 1958, Marilyn est de retour à Hollywood, éblouissante de beauté blanche, fidèle à son image, malicieuse, irrésistible. Il lui faut plus de deux heures pour sortir de l'avion. À un dîner donné en son honneur, elle arrive au moment où les invités commencent à partir. Sa terreur d'affronter la foule, le regard de l'autre la paralysent et l'enfoncent dans un cycle infernal de culpabilité, de dénigrement de soi et d'autopunition. Chaque fois, c'est au prix d'une violence inouïe qu'elle parvient à émerger. La plupart du temps, désormais, Marilyn se calfeutre chez elle, dans un chez-elle toujours provisoire (une suite d'hôtel), où elle évolue nue, sans tricherie, toujours accompagnée de l'indispensable Paula. D'Amagansett, Arthur Miller, que la justice a condamné dans un premier temps puis finalement relaxé de toute poursuite, lui écrit des lettres d'amour. « Tu es ma femme idéale, tu le sais, n'est-ce pas[1] ? » C'est bien le problème. À des milliers de kilomètres, Marilyn Monroe n'est plus pour le dramaturge qu'un fantasme. Comme avant. Comme pendant toutes ces années où il rêvait d'elle en secret avec délice et remords. Il a épousé la plus belle femme du monde. Chaque jour il doit se pincer pour s'assurer que c'est vrai. Elle, elle clame qu'elle est juste une femme, avec les désirs naturels d'une femme. Elle est heureuse soudain, car elle a découvert qu'elle était à nouveau enceinte. Cette fois elle va mener sa grossesse à terme, elle le pressent, elle le veut tant. C'est le plus important. Le film, elle s'en fiche pas mal. (Par-dessus le marché un film en noir et blanc pour des raisons de maquillage, ce à quoi elle était totalement opposée.) Elle est presque décidée à tout annuler pour ne penser qu'à son bébé et ne prendre aucun risque. Mais non, mais non, intervient Miller. Il s'agit seulement de quarante-cinq jours. À la mi-septembre, tout sera terminé et elle pourra se reposer.

Marilyn obéit.

Du tournage de *Certains l'aiment chaud,* l'histoire a retenu essentiellement les retards effarants de Marilyn (jusqu'à neuf heures), son incapacité à mémoriser quatre petits mots (la fameuse réplique « *Where's that Bourbon ?* »), des prises parfois rejouées plus de cinquante fois sous le contrôle de Paula Strasberg, la rage de Wilder tenu de s'allonger entre deux claps à cause des douleurs de dos que lui cause le stress, la phrase de Tony Curtis (« à la quarantième fois, embrasser Monroe c'est comme embrasser Hitler »), un budget qui explose. Copieusement alimentée par les indiscrétions des journalistes qui cueillent çà et là les confidences énervées des uns et des autres et les divulguent au public, la légende noire de Monroe a cette fois-ci franchi le point de non-retour. Personne ne comprend. Wilder pense que son attitude est une vengeance contre la Fox. Dans les couloirs de Hollywood, on commence à murmurer qu'elle est folle, comme sa mère. Arthur Miller, qui vient lui rendre visite en septembre, rebrousse vite chemin. Ce n'est pas un tournage, c'est un champ de bataille, Marilyn au milieu, et cette sorcière noire de Paula en inquisitrice. Pire qu'à Londres. Et pourtant, Miller l'a vu dans les rushes, le résultat est dix fois supérieur. Même si, comme d'habitude, elle a l'impression douloureuse de faire le guignol, Marilyn est merveilleuse, pure comme une enfant, sensuelle comme une déesse. Seule son obstination à jouer Sugar Kane comme elle la comprend, à injecter en elle assez de rire et de tristesse, de virginité, d'autodérision et d'illusions perdues, lui fait tenir tête à Wilder. Seule sa quête de justesse la contraint à reprendre des dizaines de fois la même scène. Lemmon et Curtis discutent, s'amusent, blaguent et, l'instant d'après, entrent en scène. Elle non. Elle ne peut jouer tant qu'elle n'a pas pénétré l'âme et la peau de son personnage, bien au-delà de la description qu'en fait le scénario. Et il faut recommencer à chaque fois. Et ça peut durer des heures. Des heures pour retrouver confiance, accomplir la transmutation parfaite, décolorer davantage encore les cheveux déjà déteints de Marilyn Monroe, passer à travers elle, revêtir ses atours et puiser tout au fond de ses vieux rêves d'orpheline, là où il reste toujours une petite part d'humanité.

Début novembre 1958, c'est fini. Dix-huit jours de tournage et des centaines de milliers de dollars de dépassement. Wilder est si furieux après Marilyn qu'il ne l'invite pas à la soirée d'adieu de l'équipe et se répand dans la presse en vacheries contre elle. Grâce à la prouesse sensible et intelligente de l'actrice, le film évite pourtant habilement l'écueil de la caricature bouffonne. Aucune autre n'aurait pu camper ce personnage de blonde aux gros seins sans plonger tête baissée dans le cliché. *Certains l'aiment chaud* va être un des plus grands succès du cinéma américain et une œuvre culte. Mais Wilder est sorti éreinté du tournage et il ne pardonne pas plus à Monroe de l'avoir rendu malade que de ne jamais avoir respecté son autorité. Il la taxe d'anti-professionnalisme et la rend responsable de ses propres problèmes de santé. La malheureuse, épuisée et plus que jamais vulnérable, a été admise dans un hôpital pour une cure de repos. Une semaine plus tard, elle rentre à New York avec ce bébé qui grandit en elle et qu'elle désire plus que tout. Elle veut oublier le reste, ne plus penser qu'à cet avenir lumineux, cette renaissance qui se profile. Le 17 décembre pourtant, enceinte de cinq mois, Marilyn s'écroule dans une mare de sang et fait une nouvelle fausse couche. Son chagrin se tourne en colère contre Miller qui l'a obligée à tourner ce film éreintant. Son désespoir ne connaît plus de bornes. Et Wilder qui l'insulte là-bas, en Californie, et lui, son mari, qui ne dit rien !

L'écrivain prend sa plume et vole au secours de l'honneur de sa femme, répliquant à Wilder par télégrammes interposés.

« Maintenant que vous êtes assuré du succès de votre film, succès auquel elle a tant contribué, vos attaques sont indignes. Vous êtes un homme injuste et cruel. Ma seule consolation, c'est que, malgré vous, sa beauté et son humanité resplendissent comme toujours[2]. »

Dans l'appartement, Marilyn passe de l'abattement comateux à l'hystérie. Elle s'arrache les cheveux, jette des objets à la tête d'Arthur qui, n'en pouvant plus, s'enfuit à Roxbury. Le soir même, elle ingurgite deux tubes de somnifères. C'est la domestique, cette fois, qui la sauve de justesse.

Il faut continuer à vivre.

Marilyn reprend la morne route du divan et de l'Actor's Studio. Parfois, elle se résigne à sortir en Monroe. Maintenant, elle sait qu'elle ne s'en délivrera pas. Elle est seule, plus que jamais. La plupart du temps, Arthur est à la campagne. Ses errances brunes reprennent à travers Manhattan. Le soir, elle fréquente poètes et écrivains (Carson McCullers, Carl Sandburg ou Norman Rosten), assiste en mars 1959, belle et souriante à mourir, au bras d'Arthur (faire croire que le navire est toujours à flot) à la première triomphale de *Certains l'aiment chaud*. On applaudit les acteurs à tout rompre. Certains critiques voient en Monroe la meilleure comédienne des États-Unis. Dès sa sortie en salle, le film bat des records de fréquentation. Le public rit d'un bout à l'autre aux pitreries de l'excellent Jack Lemmon, s'extasie devant la grâce de Marilyn, reprend en chœur *I Want to be Loved by You*, sent sa gorge se nouer quand il entend la petite voix triste chanter *I'm Through with Love*.

Car elle en a fini avec l'amour. Avec la vie. Marilyn se sent aspirée vers le bas. Elle s'abandonne irrémédiablement à l'appel du monstre tapi en elle.

Mon cœur est à papa

Arthur Miller a fini par trouver l'argument imparable. Pour l'adaptation cinématographique des *Désaxés*, il offre à sa femme un partenaire inestimable à ses yeux : Clark Gable. Difficile pour elle de lutter contre une pareille arme. Gable, le séducteur élégant et brutal venu de nulle part, l'homme aux cinq mariages, dont l'amour fou et tragique pour Carole Lombard fit pleurer l'Amérique entière, celui qui tint dans ses bras les plus belles et les plus grandes actrices au monde, Harlow, Crawford, Loy, Gardner, Turner, un des comédiens que Marilyn admire le plus, éminemment respecté et, surtout, le père de ses délires d'orpheline, celui qu'elle retrouvait en cachette dans ses rêves de fillette abandonnée pour se croire invincible et ne plus avoir peur du noir. Père fantasmé et amant à l'écran. Monroe fléchit, évidemment. Miller n'a plus qu'à lui assener le coup de grâce avec un casting secondaire de choix : son vieil ami Montgomery Clift et Eli Wallach, un ancien de l'Actor's Studio, excellent acteur proche d'Arthur et d'elle. Du taillé sur mesure, mais aussi du très lourd. Car en cette année 1959, Gable est vieillissant et mal en point, Monty Clift alcoolique au dernier degré. Par ailleurs, Huston prévoit de tourner dans le désert de Phoenix sous 55 degrés à l'ombre. Une gageure. Pourtant Marilyn dit oui. A-t-elle vraiment le choix ? Arthur Miller empoche la bagatelle de deux cent cinquante mille dollars de la société Marilyn Monroe. Le travail de pré-production commence en juillet.

Au même moment la Fox rappelle à Marilyn qu'en vertu de leur contrat passé en 1956, elle lui doit encore un film. En effet, reconnaît l'actrice qui profite de ce prétexte pour différer *Les désaxés* et faire semblant de s'intéresser à de nouvelles propositions. *Breakfast at Tiffany's* (*Diamants sur canapé*), écrit par son ami Truman Capote et que s'apprête à réaliser Blake Edwards, la tente assez, même si l'argument n'est qu'une longue redite de tout ce qu'elle a déjà fait. Mais Jerry Wald, le nouveau patron de la 20th Century Fox, l'enjoint d'accepter *Let's Make Love* (*Le milliardaire*), une comédie musicale que mettra en scène George Cukor avec Gregory Peck comme partenaire. Pourquoi pas, répond Marilyn. En réalité, elle n'a pas lu le scénario. Quand bien même. Elle sait déjà qu'elle jouera probablement une fille pauvre, belle et ingénue, dotée d'une âme généreuse et de formes à l'avenant, qu'on exhibera d'un bout à l'autre du film dans toutes les tenues, justaucorps compris. Mais Arthur Miller, lui, lit le texte de Norman Krasna et déclare qu'il faut tout réécrire :

Marilyn a très peu de scènes, la véritable vedette, c'est Gregory Peck. Pour ce faire, il offre ses services. Et tandis que la Fox signe un contrat avec Miller, Marilyn subit en août une opération chirurgicale destinée à lui permettre de porter un enfant (comme si ses problèmes de grossesse étaient d'ordre physiologique).

Trop heureuse de reprendre la route et de s'éloigner de Miller, elle revient à Hollywood en septembre pour préparer *Le milliardaire* où il lui faudra, entre autres, danser et chanter. À cette occasion, Marilyn rétorque à Nikita Khrouchtchev à qui elle est présentée et qui lui a lancé un compliment galant : « Mon mari, Arthur Miller, m'a chargée de vous transmettre ses amitiés. Ce genre de choses devrait se produire plus souvent. Cela aiderait à la compréhension mutuelle entre nos deux pays. »

Déclaration qui fait aussitôt le tour du monde. Quand Monroe paraît en public quelques jours plus tard, les journalistes qui la traquent comme à l'accoutumée l'acclament et l'applaudissent à tout rompre.

Elle revient bientôt à New York. Entre-temps, Gregory Peck a tiré sa révérence. Le scénario entièrement remanié par Miller pour sa femme ne lui laissait plus qu'une place de faire-valoir. Tout bien réfléchi, il préfère abandonner l'aventure et, au vu de l'épouvantable réputation de l'actrice, préserver sa santé mentale. Le rôle du milliardaire qui s'éprend de la belle et candide Amanda est donc vacant. À Broadway, Marilyn et Miller assistent au récital donné par un Français qui a le vent en poupe : le séduisant Yves Montand, à la double casquette de chanteur et de comédien. Simone Signoret et lui ont joué dans la production française des *Sorcières de Salem*. On le compare à Maurice Chevalier. Bien que ne parlant pratiquement pas un mot d'anglais, il serait parfait pour le film. Arthur Miller réajustera l'intrigue autour de cet élément nouveau : la nationalité française du milliardaire. La Fox donne son accord. Yves accepte la proposition. Les Miller et les Montand sympathisent.

À cette époque, le mariage de la plus célèbre fausse blonde de la terre et de l'intellectuel new-yorkais a vécu. Tous deux le savent pertinemment même s'ils ne le formulent pas encore. Dans son monde de paranoïa et de brisures, Marilyn estime avoir été trahie par son mari. Elle ne le supporte plus, le soupçonne d'être attiré par d'autres femmes, l'accuse de tous les maux, l'accable, le tyrannise, l'humilie et l'insulte désormais en public. Lui, soupèse le bilan d'une erreur et la fin d'un rêve, mesure son impuissance à sauver Marilyn d'elle-même. Il la regarde s'éloigner, avec résignation et peut-être soulagement. Qui prendra la décision ? En même temps, Miller ne l'ignore pas, la quitter, c'est la tuer. Alors, ils trichent encore un peu, tentent de gagner du temps. En cette fin 1959, Marilyn s'envole régulièrement pour la côte Ouest sous prétexte de répétitions. Certains biographes affirment que l'actrice a des amants, en particulier le sénateur John Kennedy qu'elle retrouverait à New York, désormais à l'Ambassador Hotel, et dont elle soutient publiquement la campagne électorale[*]. Quoi qu'il en soit, en janvier 1960, les Miller et les Montand réunis à Los Angeles prennent leurs quartiers dans des bungalows mitoyens au Beverly Hills Hotel.

Rayonnante devant les objectifs des journalistes, Marilyn minaude et regarde avec admiration Simone Signoret, grande dame qui vient d'être nommée aux oscars alors qu'elle, une fois de plus, n'a même pas eu le droit de concourir. Elle arbore son sourire et son humour Monroe, mais à l'intérieur, tout est en mille morceaux. À peine arrivée à Hollywood, elle fait une dépression nerveuse[**]. Sa psychanalyste new-yorkaise la met alors en relation avec un de ses confrères. Le docteur Ralph Greenson, marxiste freudien qui compte pléthore de stars parmi sa clientèle, vient de faire son entrée dans la vie de Marilyn Monroe. Âgé de quarante-neuf ans, c'est un homme de belle stature, le cheveu grisonnant et la moustache rassurante, père de famille comblé, qui habite une villa de style colonial dans le quartier huppé de Brentwood. Marilyn se sent immédiatement en confiance avec lui et commence à fréquenter son cabinet. Quand,

* Don Wolfe, qui défend la thèse d'une liaison continue entre Kennedy et Marilyn depuis le début des années cinquante, certifie qu'elle croyait dur comme fer qu'il allait divorcer de Jackie pour l'épouser.
** Que Don Wolfe lie à l'annonce officielle de la candidature de JFK à la présidence (candidat, JFK ne pouvait plus divorcer).

régulièrement, il lui est impossible de se lever, de surmonter la dépression qui la terrasse, elle appelle Greenson à l'aide. Le docteur débarque aussitôt et la consultation a lieu dans la chambre même de Marilyn. L'actrice prend ainsi vite l'habitude de téléphoner à Greenson à n'importe quelle heure du jour, et bientôt de la nuit. Assez vite, elle occupe une place de prédilection dans la vie du docteur qui la présente à sa femme, à ses deux enfants, et la reçoit chez lui, en dépit de toute déontologie médicale. Mais Marilyn, rétorquera-t-il face à ses nombreux détracteurs, n'est pas une patiente comme les autres. Certes pas. Pour un homme de science, Monroe est un beau cas. Pour un homme vénal aussi, cela va sans dire.

Paradoxalement, le tournage du *Milliardaire* se passe plutôt mieux qu'à l'accoutumée. Bien sûr Monroe est fidèle à sa légende (retards, incapacité à mémoriser un texte, Paula Strasberg en réalisatrice suppléante), mais dans l'ensemble bien moins que pour les films précédents. Les techniciens de plateau, comme ses partenaires, sont frappés par son professionnalisme. Yves Montand n'y est pas pour rien. Marilyn admire en lui le comédien et apprécie l'homme qui lui rappelle physiquement Miller, en mieux et surtout en plus jovial. Elle aime ses origines modestes qui le rapprochent d'elle, sa petite touche irrésistible d'exotisme. Son humour ne la laisse pas indifférente, autant que son sens de l'autodérision. Dans *Le milliardaire*, le rôle de Montand est ridicule d'un bout à l'autre.

Le couple qu'il forme avec Simone Signoret lui semble exemplaire. Signoret est une femme respectée comme actrice et comme épouse. Un modèle pour la mal mariée qui se projette dans sa position. Comme elle serait heureuse, croit-elle, avec un homme comme celui-ci, mélange de DiMaggio et de Miller. Comme il saurait, lui, la protéger. Face à George Cukor qu'elle trouve mauvais metteur en scène, Marilyn joue la carte de la complicité auprès de Montand. Dans l'attente d'une approbation, elle se tourne, pour la première fois, plus souvent vers lui que vers Paula. Il la rassure. Les deux comédiens répètent de plus en plus ensemble. Elle l'aide à travailler sa prononciation en anglais, il lui apprend à dominer ses peurs et à ne pas se laisser aspirer par elles, sans hésiter pour cela à la malmener : ainsi vient-il la chercher de force un matin où elle refuse de se présenter sur le plateau.

Entre les bungalows 20 et 21 du Beverly Hills Hotel, les portes sont sans verrou. Et une petite fille délaissée, au corps blanc et plein, en robe noire échancrée, secoue ses boucles blondes au-dessus d'un nouvel espoir.

L'oscar en poche, fêtée de toutes parts, Simone Signoret est contrainte de repartir en Europe pour des raisons professionnelles. Elle sait déjà, Simone. Elle a compris. Tout. La démission de Miller, la détresse de Marilyn, les faiblesses de son mari. Quel homme résisterait à la déesse blonde, à cette enfant qui sans maquillage lui rappelle « la plus belle des paysannes d'Île-de-France » ? Pas Yves en tout cas. Elle s'y prépare. Elle passera sur cet écart et restera digne. Fera comme si elle ne savait pas. Pourvu qu'il revienne. Pour taire ses larmes, elle a ses cigarettes et son vieil ami l'alcool. Alors Simone embrasse Marilyn sur les deux joues et cède sa place. Arthur Miller lui emboîte le pas. Il s'enfuit en Irlande rejoindre Huston et reprendre l'écriture des *Désaxés*. « Il est fou, aurait confié Montand à une amie. Il s'en va en me laissant Marilyn dans les bras. » Aveugle Miller, pourrait-on penser, ou inconscient ? Pas le moins du monde. Le dramaturge est juste un homme désespéré qui donne tacitement à un autre la femme qu'il aime puisqu'il n'est plus capable de répondre à sa demande. Signoret comme Miller se sacrifient tous deux. Elle, avec le calcul qu'une fois son fantasme assouvi, son époux rentrera au bercail ; lui, parce que la bataille est perdue et qu'il s'est résolu désormais (à quel prix ?) à précipiter sa propre chute.

En vieille entremetteuse, Paula Strasberg encourage un jour Montand à rendre visite à l'actrice restée au fond de son lit, mal en point. Devant la couche de Marilyn Monroe nue sous des draps de soie, Yves Montand sent la tête lui tourner et, comme il l'avouera lui-même, ne se pose pas de questions très longtemps. La bise amicale dérape. Cette fois, plus de baiser de cinéma à la chlorophylle. Marilyn lui offre ses lèvres au goût de songe et son corps frémissant. Une nuit, deux nuits, puis toutes les autres. Le Tout-Hollywood est rapidement au fait de la liaison. Les amants assistent ensemble à la première du nouveau film de Billy Wilder. Le réalisateur et l'actrice se sont réconciliés même s'il n'a pu s'empêcher, dans *The Apartment* (*La garçonnière*), de faire une allusion caricaturale à la célébrissime blonde à la voix d'enfant. Marilyn ne s'en offusque pas. Elle est heureuse, amoureuse pour de vrai et s'affiche fièrement, au grand jour, avec Yves Montand. Lui, bouleversé, ensorcelé, ne sait pas comment il va pouvoir se dépêtrer de toute cette affaire quand tout cela prendra fin. Car cela prendra fin. S'il n'y avait pas Simone, ce serait différent, il se lancerait tête baissée dans l'aventure, recueillerait dans ses bras deux ou trois ans cet ouragan d'innocence et de sexe. Mais, de l'autre côté de l'Atlantique, il y a Simone. Montand mesure ce qu'il peut perdre, une fois éteints les feux de la rampe. Alors il savoure tant qu'il peut la douce Marilyn qui le regarde avec extase, et prépare secrètement son départ, et sa défense.

Le monde entier est au courant. Le cocufiage international. À Paris, la presse harcèle Simone qui fait front avec une noblesse douloureuse. De retour aux États-Unis, Miller prétend ne rien savoir. Dans une lettre adressée en avril 1960 à George Cukor, il évoque même la façon dont Marilyn lui manque, lui est précieuse, et combien il supporte mal son célibat loin d'elle[1]. En réalité, Monroe ne veut plus entendre parler de lui. La rancœur qu'elle lui voue s'est muée en haine. C'est désormais à Yves Montand qu'elle s'accroche, en qui elle place son avenir. Quand le tournage du *Milliardaire* s'achève et qu'elle voit, impuissante, Montand lui filer entre les doigts et regagner sa France natale ainsi que son épouse légitime, Marilyn tombe de haut. Tout s'écroule encore une fois. Signoret a l'oscar et Montand. Elle, elle n'a plus rien. À part ses médicaments et le faux réconfort de l'alcool. Ainsi qu'un nouveau film en boîte, qui ne fera pas recette. Car *Le milliardaire* ne connaîtra pas le succès des autres comédies tournées par Monroe, malgré sa présence toujours lumineuse et la musique formidable de Sammy Cahn et Cole Porter. Trop de longueurs brisent le rythme d'un argument déjà fort mince. Fidèle à son rôle de jeune femme pauvre et généreuse, Marilyn, bien que belle et voluptueuse, apparaît peut-être pour la première fois à l'écran, comme l'ont remarqué plusieurs commentateurs, fatiguée et blessée. Les meurtrissures qui la rongent éclosent peu à peu sur son visage. Les spectateurs ne veulent pas les voir.

Entre deux visites au docteur Greenson, Marilyn hagarde se met à boire à forte dose. Devant elle, il y a *Les désaxés*, engagement auquel elle ne peut plus échapper, dernière formalité à accomplir avant d'être affranchie de Miller.

Désaxée

Le 20 juillet 1960, Marilyn Monroe et Arthur Miller atterrissent à Reno, Nevada, ville des divorces hâtifs, là même où l'écrivain, quatre ans auparavant, se languissait d'amour interdit pour sa célèbre maîtresse en attendant d'être légalement séparé de sa première épouse. Là même où pendant six semaines, il avait tué le temps en écrivant ces *Désaxés* que Huston allait désormais mettre en scène avec elle, son rêve blond, et la fin de leur amour.

Les Miller quittent l'aéroport dans des voitures distinctes, fuyant la presse venue du monde entier se repaître des aléas d'un film aux relents d'adultère et de tragédie. Le tournage du *Milliardaire* s'est achevé à peine deux semaines plus tôt et, avec lui, la *love story* à laquelle s'agrippait l'actrice de toutes ses forces. Elle est épuisée, sujette à des douleurs multiples et à des crises de nausée. Derrière elle, des valises de médicaments prescrits par des médecins variés et complaisants. Aussitôt, Marilyn se barricade dans la suite réservée pour elle et celui qui est encore son mari au dernier

259

étage du Mapes Hotel au centre de Reno. Après les innombrables décolorations subies, ses cheveux ne sont plus qu'une touffe pailleuse. Même les coiffeurs les plus expérimentés renoncent. Dans *Les désaxés*, qui sera tourné en noir et blanc pour des raisons aussi esthétiques que salutaires (vu l'état de la plupart des acteurs), la plus célèbre fausse blonde du monde devra porter une perruque. Mise en abyme de la doublure : Monroe caricaturant Monroe. Comment ne pas devenir folle ? Quant à sa peau, c'est un cauchemar. Très vite, le maquilleur est obligé de commencer son travail tôt le matin, Marilyn encore couchée dans son lit, vaseuse, à demi comateuse à cause de la dose de barbiturique qu'elle a avalée. Masquer les gifles de l'âge et les coups du chagrin. À ses côtés, Miller tente encore d'accompagner un sommeil de plus en plus peuplé de spectres, d'éviter tout conflit et de se faire le plus discret possible. À ce stade, écrasé par la canicule et l'ambiance oppressante qui règne d'emblée sur le plateau, Arthur Miller n'est plus tout à fait sûr de vouloir mettre un terme définitif à leur mariage. Sa douce Marilyn, sa petite fille, demeure pour lui toutes les femmes, LA femme. Il n'envisage pas encore ce que pourrait être l'après-Marilyn, et cela malgré la présence sur le tournage d'une photographe d'origine européenne, Inge Morath, qui prendra de magnifiques photographies de Marilyn et de Miller, et qu'il épousera l'année suivante. Pour l'heure, Arthur Miller remanie son scénario au jour le jour, y dévoile les névroses de Marilyn, leur échec, réussit à liguer l'équipe entière contre Paula Strasberg à qui il jette dès qu'il le peut des regards haineux.

Sous sa perruque, dans des robes échancrées et moulées sur mesure, préparée par des heures de maquillage, Marilyn exhibe en noir et blanc sa sensualité détraquée, sa condition d'orpheline et le fracas assourdissant de ses tristes amours sous la canicule du désert. Marilyn ne joue pas Roslyn. Elle est Roslyn. Du moins la fille défigurée qui s'est perdue en elle. Car *Les désaxés* ne sont pas une œuvre de fiction. C'est, en avance sur son temps, du cinéma-réalité (la réalité d'une illusion). Et l'autopsie d'une femme pas encore tout à fait morte. Voilà pourquoi Monroe déteste le scénario de Miller, pourquoi elle lui en veut terriblement. Le rôle de Roslyn est pour elle insoutenable.

La tension atteint rapidement son comble. Les retards et la condition dans laquelle se présente Marilyn quand enfin elle arrive sur le plateau accentuent les failles de chacun. Joueur invétéré, Huston passe la nuit au casino pour se détendre. Monty Clift s'adonne à la vodka orange. Parfois, il faut recommencer les prises pour ne pas voir un Clark Gable, cinquante-neuf ans, en bout de course, trembler de tous ses membres devant la caméra à cause du whisky qu'il ne cesse d'ingurgiter, enfreignant les consignes de ses médecins. C'est lui pourtant qui est censé incarner dans le film la force rassurante, le roc contre lequel Roslyn finira par se blottir. Illusion du cinéma. Gable est le double de Miller, sa projection idéalisée qui ramène la blonde dans ses bras. Mais dans la réalité, Marilyn ne revient pas à lui. Elle profite même d'une interruption de tournage pour courir après Yves Montand, de passage à Los Angeles. Éconduite par le Français, elle revient plus brisée encore, tourne sa frustration contre Miller qui fait mine de ne pas savoir où elle était et qu'elle accuse à nouveau de la trahir par son attitude envers Paula. Son ressentiment est tel qu'un jour, en plein désert, elle aurait refusé de le prendre dans sa voiture, lui aurait claqué la porte au nez et l'aurait planté là, livré à lui-même. John Huston, apercevant au loin dans son rétroviseur une silhouette isolée, serait venu sauver le grand dramaturge américain d'une mort par déshydratation*.

Le 26 août, Paula Strasberg découvre Marilyn inanimée dans sa chambre, la bouche pleine de médicaments. Hospitalisée dans l'établissement le plus proche pour un lavage d'estomac, elle est ensuite transférée à Los Angeles où le docteur Greenson s'efforce de la remettre d'aplomb au plus vite, afin de ne pas interrompre le tournage trop longtemps. Encore une fois, elle tente en vain de joindre Montand par tous les moyens possibles, courrier, télégrammes, téléphone. Le regard étrange, absent, le visage sans expression, Marilyn réapparaît à Reno quinze jours plus tard, entourée par le clan Strasberg au complet (Lee a débarqué en tenue de cow-boy, flanqué de sa fille Susan),

---

* Anecdote reprise dans à peu près toutes les biographies et qui fait partie, vraie ou fausse, de la légende noire des *Désaxés*.

qui fait écran vis-à-vis de Miller et lui interdit d'approcher de sa femme. Dans la scène tournée dès son retour, avec sa voix de petite fille et son visage tristement pur, elle demande au vieux Clark, son père, son amant : « Tu m'aimes, dis ? » En elle, tout est mort. Elle n'adresse plus la parole à Miller, finit même par faire perdre patience au bon Gable qui explose : « Mais bon sang, qu'est-ce qu'elle a cette fille ? » Mensongères photos de plateau qui montrent une équipe soudée autour d'une Marilyn radieuse. Dans le désert de Phoenix, il n'y a plus que des blessés.

En octobre, l'équipe en a fini avec le Nevada. Les séquences manquantes sont prises en studio, à Hollywood. C'est là, le 4 novembre 1960, que Marilyn Monroe et Clark Gable jouent ensemble l'ultime scène des *Désaxés*. *How do you find your way back in the dark*[*] ? Clap de fin. Pour l'un et l'autre, il s'agit de leur dernier film achevé. Une semaine après, Marilyn, effondrée, annonce à la presse la fin de son mariage. Elle est si abattue que les journalistes interprètent la nouvelle sans aucune équivoque. Le lendemain, un même titre fait toutes les unes : « Miller quitte Marilyn. »

Six jours plus tard, Clark Gable meurt d'une crise cardiaque. Certains échotiers colportent la rumeur selon laquelle Kay, sa veuve, en rendrait responsable la blonde actrice et son comporte-

---

[*] « Comment retrouves-tu ton chemin dans le noir ? », les derniers mots de Marilyn dans la scène finale des *Désaxés*.

ment éprouvant pendant le tournage des *Désaxés*. Accablée par cette accusation, Marilyn tente à nouveau de se jeter par la fenêtre de son appartement. Elle en est empêchée au dernier moment par Lena Pepitone, sa domestique.

Sans lui adresser un mot, Miller est venu chercher sa machine à écrire et toutes ses affaires. Dans ses grandes pièces à présent vides et blanches, peuplées juste de l'ancien piano de sa mère, Marilyn sombre, retenue par le fil du téléphone qui la relie, de façon quasi ininterrompue, de l'autre côté de l'Amérique, au docteur Greenson. Lena Pepitone ne l'a jamais vue si désespérée, si dépendante des médicaments qu'elle absorbe en quantité effrayante. Son quotidien est vide. Les séances avec sa psychanalyste new-yorkaise la maintiennent péniblement à flot. Quant aux cours à l'Actor's Studio, elle n'en a plus la force, peut-être plus le désir non plus. La fin de l'année approche et la renvoie comme à l'accoutumée à une solitude déchirante. Tous les hommes qu'elle aimait l'ont abandonnée. Gable, son « père », est mort (et on dit qu'elle l'a tué). Montand a disparu dans la nature. Miller s'est déjà consolé dans les bras d'Inge Morath. L'élection de John Kennedy à la présidence des États-Unis, qui coïncidait à quelques jours près avec l'annonce de son divorce, aurait pu l'emplir d'orgueil, elle, l'orpheline n° 3463, maîtresse de l'homme le plus puissant d'Amérique. Mais elle ne s'aime pas assez, Marilyn, pour savourer sa victoire. Elle ne voit qu'échecs partout, manipulations, trahisons, et appréhende le jour de Noël avec terreur.

C'est sans compter sur le seul homme qui lui est fidèle depuis des années et n'a pas renoncé à elle. Un énorme poinsettia rouge dans les mains, Joe DiMaggio se présente à l'appartement de la 57e Rue. La voie est à nouveau libre et Marilyn revenue de ses prétentions intellectuelles. Somnambule, la voilà qui repasse dans les bras de l'ex-joueur de base-ball. DiMaggio, discret, prend les escaliers de service et fuit les journalistes comme la peste. Sous son grand corps d'athlète, Monroe se dépouille lentement de ses ambitions. Devenir une actrice dramatique, l'Actor's Studio, le milieu littéraire, New York... Foutaises. La place d'une blonde à forte poitrine se trouve quelque part entre les comédies stupides et les plages californiennes. Jean Harlow était devenue célèbre en ne portant pas de soutien-gorge, puis avait réussi à inspirer le respect.

Pas elle. Malgré ses multiples efforts, sex-symbol elle est, sex-symbol elle demeure. Et, depuis quelque temps, il n'y en a plus que pour Liz Taylor.

Marilyn a peur. Elle a vieilli. Elle pressent son déclin, n'ignore pas que le milieu du cinéma laisse entendre, et de plus en plus fort, qu'elle est folle. Qui veut bien encore tourner avec elle ? Son temps, peut-être, a passé. Elle aura trente-cinq ans cette année, un âge canonique à Hollywood. Un âge aussi où un corps de femme éprouve plus que jamais l'urgence du renouvellement et de la maternité. Marilyn traîne son lot d'enfants morts derrière elle. La nuit, dans ses terreurs, elle entend leurs petits pas trotter sur le sol. Joe ? Que faire ? Est-elle arrivée à ce point de ratage que son seul salut réside en Joe DiMaggio ? Mais d'abord, en finir avec Arthur Miller et la ferme de Roxbury qu'elle lui cède bien volontiers. Leur divorce a été fixé au 21 janvier 1961. C'est la nouvelle attachée de presse de Marilyn, Pat Newcomb, qui l'a suggéré : ce jour-là, l'Amérique entière sera accaparée par l'intronisation officielle de John Kennedy à la présidence. Avec un peu de chance, on lui fichera la paix à elle. Newcomb est une jeune femme très intelligente, dotée d'un caractère trempé. Marilyn l'a rencontrée sur le tournage de *Bus Stop*, cinq ans auparavant. D'emblée, elle l'a détestée, pour des raisons peu claires et contradictoires selon les biographes : parce qu'elles auraient été toutes deux en concurrence amoureuse. Mais à l'époque Marilyn est en pleine romance avec Miller, ce qui n'interdit rien et n'exclut pas qu'elle supporte difficilement les rivales : toutes les femmes font peur à Monroe, trop peu sûre d'elle, raison pour laquelle elle aimera s'entourer de tutrices plus âgées et fort laides comme Lytess ou Strasberg. Ce qui est certain, c'est qu'une dispute violente a éclaté dès le premier jour, entre Marilyn et Pat Newcomb. Mais le chemin de cette jeune femme brillante, ambitieuse, aux dents longues, proche des Kennedy*, devait croiser à nouveau la route

* Pour certains, le rôle de Pat Newcomb auprès de Marilyn est trouble. On la soupçonne, entre autres, d'avoir joué double jeu et, surtout, d'avoir dissimulé ce qu'elle savait sur les circonstances de sa mort.

de Marilyn Monroe et s'unir à elle jusqu'au bout. Chaque fois plus présente lors des tournages successifs de la star, indubitablement de son côté au moindre conflit, Pat Newcomb a su peu à peu se rendre indispensable. Disponible vingt-quatre heures sur vingt-quatre, accourant dès qu'on la sonne, Newcomb est aussi une excellente et précieuse pourvoyeuse de médicaments.

En 1961, elle ne quitte plus d'une semelle la star qui s'abrite dorénavant derrière elle à chaque apparition publique. Le 20 janvier, toutes deux s'envolent pour la ville de Juárez, au Mexique, où Monroe signe sans le lire son troisième (ou quatrième ?) acte de divorce. Malgré les précautions prises par Pat, les paparazzi sont au rendez-vous et dérobent à la femme traquée les clichés de son désarroi.

« Quand le monstre a montré sa face, Arthur n'a pas pu y croire. Je l'ai déçu. Mais j'avais l'impression qu'il me connaissait et aimait tout en moi. Je n'étais pas seulement quelqu'un de gentil. Il aurait dû aimer le monstre », bredouille Marilyn avant de se verrouiller chez elle[1].

C'est peut-être à ce moment qu'elle rédige son testament, léguant l'essentiel de sa fortune aux Strasberg. Joe est reparti. Fin janvier, au bras de Montgomery Clift, l'actrice assiste à la première des *Désaxés* au Capitol Theatre de New York. Elle en ressort anéantie. Jamais elle ne s'est autant détestée sur un écran. Qui est cette femme blonde en perruque, le visage bouffi, les paupières gonflées surchargées de maquillage, dont la caméra s'obsède à pointer sans cesse les seins et les hanches ? Cette dépressive « brisée, dominée par les hommes, toujours en quête d'une relation, désemparée et en même temps insatiable[2] », perdue dans un scénario figé et raté ? Insoutenable vision d'elle-même par celui qui fut son mari et son espoir bafoué. Heureusement, il lui reste ses barbituriques arrosés d'alcool. Marianne Kris, psychanalyste de Marilyn, décide de la faire hospitaliser quelque temps.

Le 5 février 1961, sous une perruque masquant sa fausse blondeur, et derrière le pseudonyme de « Faye Miller », Marilyn Monroe arrive au pavillon psychiatrique du Cornell Hospital. Dans les couloirs, des visages hagards, des corps secoués de gestes effrayants. Où est-elle ? Que signifie tout cela ? Où l'emmène-t-on ? Inquiétante étrangeté. On la pousse dans une cellule aux murs capitonnés, avec des barreaux aux fenêtres. Quand la porte se referme dans son dos, quelque chose crie en elle et la réveille soudain. Le docteur Kris lui avait dit qu'il s'agissait de repos. Mais elle lui a menti. Elle l'a trahie, elle aussi. La voilà face à sa plus profonde terreur, là voilà chez les fous, avec sa mère (qui depuis huit ans, dans un sanatorium de Californie, a multiplié les tentatives d'évasion et de suicide), sa grand-mère, et la ribambelle de cinglés qu'elle compte parmi ses ascendants. On l'a internée et maintenant elle ne pourra plus jamais sortir, elle est prisonnière, quoi qu'elle fasse, quoi qu'elle hurle, *ils* voulaient se débarrasser d'elle, *ils* ont réussi, elle n'a plus personne, et dans ce cachot où on l'a recluse sans ménagement, elle va probablement devenir folle pour de vrai, toute seule avec ses fantômes. Surtout ne pas dormir car c'est pendant la nuit que les ombres rôdent. Marilyn cogne aux murs et appelle à l'aide, elle lance une chaise contre la fenêtre, se met toute nue. Ultime révolte. Bientôt, on lui passe une camisole de force. C'est fini. Marilyn Monroe, superstar, icône internationale, amante du président des États-Unis, est sanglée dans le costume des aliénés dangereux et assommée de calmants. Trop curieux d'assister à ce show privé, le corps médical au grand complet défile devant elle. De la moindre femme de salle au grand médecin, tous accourent pour contempler l'étoile déchue, pleine de bave et de larmes. Au-dessus de sa tête, la petite fille sent l'oreiller se rapprocher à nouveau. Cette fois, elle ne s'en sortira pas victorieuse. Elle va mourir étouffée.

Au bout de deux jours, une infirmière apitoyée par son sort l'autorise à écrire un mot à la personne de son choix. Marilyn ne sait pas. Spontanément, elle pense à Lee et Paula Strasberg et rédige à leur attention un vibrant appel au secours, inutile néanmoins. Pourquoi personne de son entourage ne réagit, ne vient la tirer de là ? Et ceux qui sont censés être ses amis ? Le lendemain, quand on lui permet de passer un coup de fil, Marilyn ne s'y trompe pas et téléphone aussitôt à DiMaggio. Le grand Joe n'y va pas par quatre chemins. Sous la menace de « démolir l'hôpital jusqu'à la dernière brique », il parvient à sortir son ex-épouse de l'antichambre de l'asile.

Marilyn a compris. Deux mois plus tard, en avril 1961, après une cure de repos et de désintoxication, elle est de retour sur la côte Ouest. La mère d'Arthur Miller est morte quelques jours auparavant. L'actrice a tenu à assister à ses obsèques. Elle a longuement serré dans ses bras son ex-beau-père qu'elle aime tant. Miller, flanqué d'Inge Morath, ne lui a pas adressé la parole. La liaison de la petite Californienne avec New York s'est achevée dans la douleur. À présent, il lui faut du soleil et des piscines, des soirées paillettes et surtout le bon docteur Greenson, son nouvel espoir, le seul en qui elle place désormais toute sa confiance (faut-il préciser qu'elle a rompu violemment avec sa psychanalyste new-yorkaise ?). Retour donc à Los Angeles, aller simple ou plutôt régression, d'autant plus que Marilyn s'installe dans un appartement tout près de celui qu'elle occupait avant son départ. Aussitôt, elle axe son existence sur son interminable séance quotidienne avec Greenson, à seize heures, dans la villa de ce dernier à Santa Monica, suivie quasi invariablement d'une invitation à dîner au sein de la famille du psychiatre. Sa sujétion à ce médecin a pris une ampleur stupéfiante. Elle lui confie tout, note dans un carnet rouge tout ce qu'elle fait, enregistre à son attention sur des bandes magnétiques ses moindres pensées[*]. Greenson dirige son existence,

---

[*] Les fameuses bandes auxquelles Matthew Smith prétend avoir eu accès (cf. Références bibliographiques).

choisit soigneusement ses amis et se propose rapidement de trier lui-même les scénarios qui lui sont soumis. Il lui déconseille de revoir DiMaggio et désapprouve la liaison parallèle qu'elle commence à entretenir avec Frank Sinatra. Le crooner n'est pas quelqu'un de très fréquentable, surtout pour un être aussi fragile que Marilyn. On connaît son goût immodéré pour les orgies et les putains, ainsi que son légendaire talent de rabatteur. Bien qu'instruite des relations de Sinatra (n'a-t-elle pas surnommé le caniche qu'il lui a offert « Maf », diminutif de Mafia ?), l'actrice n'obéit pas toujours aux directives. Désœuvrée, ivre la plupart du temps, elle se laisse entraîner dans ce cocktail de sexe et d'alcool où se côtoient les plus hautes sphères du pouvoir et de la pègre. À Hollywood, comme à la CIA ou au FBI, plus personne n'ignore que Marilyn Monroe est aussi une des maîtresses du nouveau président des États-Unis. Régulièrement, elle le retrouve dans la villa du bord de mer de son beau-frère, Peter Lawford, époux de Patricia Kennedy. On sait également qu'elle est très déséquilibrée, peu discrète, et représente un danger certain pour l'État.

En cette année 1961, la star fait peu d'apparitions publiques et ne tourne pas de film. Par conséquent, la presse guette ses moindres faits et gestes. Toute occasion est bonne à prendre. Opérée en juillet pour une ablation de la vésicule biliaire, la blonde actrice manque à sa sortie de l'hôpital d'être piétinée et blessée par la foule hystérique et agressive qui l'attend. On tire sur ses vêtements, sur ses cheveux. Les questions des journalistes fusent et la frappent de tous côtés : « Avez-vous tué Gable ? » « Allez-vous épouser à nouveau DiMaggio ? » « On dit qu'Arthur Miller va bientôt se remarier... »

Le costume de Marilyn Monroe devient très lourd à porter. Lasse, négligée, elle grossit à nouveau. Les cheveux platine et les yeux fardés à outrance, simulacre d'elle-même, elle boit affreusement et s'offre en spectacle dans des restaurants au cours de nuits passées en compagnie de Sinatra et ses amis. Telle vous me vouliez, telle vous m'avez, semble-t-elle vainement accuser.

Inquiet de la voir échapper à son contrôle, le docteur Greenson juge bon d'accentuer sa vigilance. En octobre, il oblige Marilyn à engager auprès d'elle une dame de compagnie chargée de la conduire chez lui tous les jours et de prendre en main ses affaires courantes. Pour rompre sa solitude et l'aider dans son quotidien, prétexte-t-il. En réalité, pour que celle-ci filtre les fréquentations de sa patiente et rapporte tout au bon docteur. Petite, froide, d'âge mûr, yeux de fouine et visage sec, Eunice Murray est en fait une ancienne infirmière psychiatrique, amie de Greenson dont elle partagerait les opinions politiques d'extrême-gauche. Elle n'a jamais vu un film de Marilyn Monroe, la femme qui couche avec John Kennedy, mais désormais, elle va partager sa vie jour et nuit.

En décembre, après de pénibles démêlés avec la Fox à cause, entre autres, de son salaire, poussée par Greenson, Marilyn accepte de jouer dans le remake de *My Favorite Wife*, film sorti en 1940 avec Cary Grant. La nouvelle version s'appellera *Something's Got to Give* (*Quelque chose doit craquer*) avec George Cukor aux commandes. Monroe aura pour partenaires Dean Martin et Cyd Charisse. Elle ne voulait pas tourner cette comédie. Elle est si incertaine, si désabusée. Ce que lui renvoie son miroir la terrorise. Combien de temps la supercherie tiendra-t-elle encore sous la poudre, le grimage ? Comment peut-elle faire le poids face à l'éclat de Liz Taylor somptueuse, dit-on, dans la superproduction en préparation de *Cléopâtre*. Mais le studio l'a menacée juridiquement. Greenson, surtout, l'a incitée vigoureusement à dire oui. Son nom figurera d'ailleurs aussi sur le contrat. Il s'est engagé à assurer la ponctualité de Marilyn sur le plateau et a obtenu un droit de regard sur le scénario. En résumé, il est devenu son agent.

Marilyn cède et laisse les autres décider pour elle. Elle s'apprête à tourner son trentième film. Et combien dont elle est fière ? Les deux précédents ont été des échecs commerciaux. Celui-ci peut relancer sa carrière ou y mettre un terme définitif. Ce qui est sûr, c'est qu'on l'attend au tournant. Elle a peur. La fin de l'année approche. Elle s'enfonce dans la dépression et supplie le docteur Greenson de l'adopter.

Quelque chose doit craquer

Il lui reste six mois à survivre.

Dernier Noël pour la petite fille sans famille. Joe est là, évidemment, loyal Joe dont les poings s'emportent quand Marilyn lui parle de Kennedy ou de Sinatra, qu'il déteste. Ne voit-elle pas qu'ils se servent d'elle ? Bien sûr qu'elle le voit. Mais quelque chose en elle continue à la persuader que coucher avec le « Prez », c'est gratifiant. Et elle a tellement besoin de se sentir valorisée. Pourquoi ne pas tout laisser tomber et revenir avec lui ? demande DiMaggio. Parce que la pente est plus que jamais abrupte et impossible à remonter. Certains êtres ne peuvent être sauvés contre leur gré. L'ancien joueur de base-ball pourtant veut toujours y croire. Retrouver sa Marilyn, la tirer de toute cette saloperie et la ravir au monde entier. Depuis quelque temps, les journalistes ont fini par repérer sa grande silhouette errant dans les parages, et ils lancent la rumeur d'un remariage. En janvier 1962, DiMaggio avance l'argent dont l'actrice a besoin pour payer le premier acompte de la maison qu'elle vient d'acheter 12305 Fifth Helena

Drive, à Brentwood. Le docteur Greenson l'a encouragée à passer à l'acte. Eunice Murray a trouvé la maison, une villa mexicaine, réplique de celle du psychiatre, à deux pas de chez lui. Toute proche également de la résidence de Peter Lawford. Au moment où elle a signé la promesse de vente, Marilyn a éclaté en sanglots : pour la première fois, elle possédait sa maison à elle ; et elle l'achetait seule.

C'est une villa de plain-pied, au fond d'une impasse. Plutôt modeste en comparaison des propriétés habituelles des stars. Construite en angle, elle comprend dans sa première partie un pavillon d'amis, une cuisine et une salle à manger ; dans sa seconde, reliée par un solarium, sont situés le salon, ainsi que les chambres de Marilyn et d'Eunice Murray avec leurs salles de bains respectives, et la pièce dite des téléphones. Devant, un jardin tout simple et, derrière, une petite piscine où l'actrice, guère à l'aise dans l'eau, ne nagera presque jamais. Peu de meubles et d'objets, à part ceux que Marilyn rapporte d'un voyage qu'elle effectue au Mexique en février sur les conseils de Greenson. L'orpheline n'a jamais aimé les biens matériels. Elle ne mesure que trop leur fugacité. Peut-être pressent-elle aussi que son séjour sera bref. Dans sa chambre, un matelas est posé sur un sommier sans pieds à même le sol. Des sacs çà et là, aucune décoration et de gros rideaux noirs, occultants, censés favoriser le sommeil.

Les derniers mois de sa vie, Marilyn Monroe va les passer là, plus précisément dans la pièce des téléphones, le rose, celui de la résidence, et le blanc, la ligne privée. De façon à pouvoir emporter le combiné jusqu'à sa chambre, elle a fait installer des câbles démesurément longs. Sa solitude n'a jamais atteint une telle extrémité. Malgré DiMaggio, Sinatra, les aventures d'un soir, Robert Kennedy qui, bientôt, alternera avec son frère dans le lit de la star. Marilyn couche avec tout le monde. Tant que son corps peut encore servir. Il faut qu'elle ait la preuve que les hommes la désirent encore. Qu'ils désirent encore Marilyn Monroe. C'est le seul moyen de se savoir toujours vivante. Fantôme dans les rues de Los Angeles, elle cherche sous sa perruque son ancienne gloire déchue.

« Quelle est la fe... femme avec qui vous rê... rêveriez de pa... passer une nuit ? »

Fausse brune qui dissimule une fausse blonde. La femme tombée, nue sous sa gabardine, se donne peut-être au premier venu, petites gens, ouvrier des rues, plombier effectuant quelques travaux chez elle, scénariste mexicain, tout étourdis de l'offrande inespérée qui leur est faite. Fausse brune qui dissimule une fausse blonde, à Palm Springs, elle se fait passer pour la secrétaire du Président. La ligne directe du Bureau Ovale est toujours ouverte à « Miss Green ». Dans sa maison de Brentwood, Marilyn Monroe reçoit ses visiteurs sans vêtements. Tomber le masque. Il lui arrive de se nourrir pendant des jours uniquement d'œufs durs, de champagne et de caviar. De ne plus se laver. D'être immonde. Comme la plupart des actrices hollywoodiennes, elle est adepte des

lavements qui nettoient le corps et préservent la ligne. Eunice Murray lui en administre très souvent.
Marilyn a de nouveau beaucoup minci depuis peu,
et elle est fière de sa nouvelle silhouette. Le temps
de le dire, grâce aux pilules miracles, il lui arrive
d'avoir un petit regain de foi. En avril, lors d'une
visite éclair à New York pour une soirée en l'honneur du Président, où celui-ci avait promis à l'assistance la présence de la star, elle a mesuré
l'étendue toujours immense de son potentiel érotique. Il lui a fallu des heures pour sortir de sa salle
de bains. Comme de coutume elle arriva très en
retard, mais éblouissante, divine. Une apparition.
La Marilyn éternelle, la Monroe retrouvée.

Pourtant, une fois le show terminé, qui reste
auprès d'elle ? Eunice Murray, Ralph Greenson et
Pat Newcomb. Elle n'a pratiquement plus qu'eux.
Avec Joe, elle a pris ses distances depuis la dernière beigne qu'il lui a collée et qui l'a envoyée
à l'hôpital. « Elle s'est cognée », a dit le docteur
Greenson au personnel soignant qui examinait
l'œil poché de l'actrice. Et il lui a ordonné de ne
plus revoir l'ancien Yankee qui menace, par
ailleurs, d'acheter la propriété voisine de la sienne.

Marilyn Monroe est-elle encore capable de tourner un film ? C'est la question que tout le monde
se pose alors à Hollywood. On la dit très pertur-
bée, bonne pour l'asile psychiatrique. On la sait
dépendante des médicaments et de l'alcool. Lors
de la remise du Golden Globe, où elle a été désignée comme l'actrice la plus populaire des États-

Unis, elle était tellement saoule qu'il a fallu annuler la retransmission télévisée de la cérémonie. Allez savoir ce qu'elle aurait pu faire !

Ingérable, tout bonnement ingérable.

Dans son bureau du FBI, Edgar Hoover est inquiet et furieux. Si seulement les frères Kennedy se contentaient de coucher avec Monroe. Mais ils ne peuvent s'empêcher de parler, et l'autre ne tient pas sa langue, trop fière de connaître des secrets d'État. À qui les dévoile-t-elle ? À ses amis communistes (son psychanalyste entre autres*), forcément à la botte des Russes. Miss Monroe représente une menace pour le pays, monsieur le Président. Vous auriez tout intérêt à être plus prudent et mettre un terme à cette relation dangereuse.

Très anxieux également, les dirigeants de la Fox empêtrés dans l'onéreuse production de *Cléopâtre* et les caprices de Liz Taylor. Le tournage de *Quelque chose doit craquer,* dont le scénario a été entièrement revu à la dernière minute par Cukor, a été repoussé de plusieurs jours. Plusieurs producteurs se sont déjà disputé ce film qui doit commencer le 23 avril et pour lequel Monroe a exigé la bagatelle de trois mille dollars par semaine à l'attention de l'inévitable Paula Strasberg. Lors des essais, il est vrai, la célébrissime blonde a surpris tout le monde. Selon les témoins présents, elle était absolument lumineuse, éclatante de beauté, avec sa chevelure très oxygénée, son teint d'albâ-

---

* On l'a prétendu agent du Komintern.

tre, son corps ferme et aminci, son regard inno-
cent, à la fois radieux et triste. On l'aurait dite
heureuse de retrouver l'œil de la caméra, de se
sentir belle à nouveau en maillot de bain ou dans
sa robe blanche à grosses fleurs. Ce jour-là,
George Cukor ne daigna pas assister aux prises.
C'était une maladresse, il blessa Marilyn. Serait-
elle au rendez-vous (même si son psychiatre a ga-
ranti sa ponctualité) le 23 avril 1962 au matin ?
La réponse est non. Pas plus le 23 que les jours
suivants. Apparemment, Marilyn souffre de sinu-
site chronique et d'infection de la gorge. Le médecin envoyé par la Fox pronostique plusieurs
semaines de récupération. Monroe n'est pas en
état de travailler. Sur le plateau, c'est la consternation. Furieux, Cukor ne croit pas à la maladie
de l'actrice et pressent la catastrophe. On décide
de tourner les scènes où elle n'apparaît pas. Le
problème, c'est qu'il y en a peu. L'intrigue est en
effet essentiellement basée sur le personnage de
cette épouse (Marilyn) qu'on croyait morte à la
suite d'un naufrage et qui réapparaît au moment
où son « veuf » (Dean Martin) se remarie avec
une autre (Cyd Charisse).

Au cours des deux mois suivants, pour diverses
raisons de santé, l'actrice ne travaillera que sept
jours, engloutissant le budget du film et s'abî-
mant, elle, à tout jamais. Car le véritable combat,
c'est contre elle-même que Marilyn le livre, rattrapée par ses terreurs, entraînée de façon irréversi-

ble vers la capitulation. Les rares journées qui échappent à la pente mortifère montrent à l'écran une femme splendide (bourrée d'amphétamines), désireuse à l'évidence de jouer, de démontrer qu'elle est encore là, la plus belle, la plus émouvante : séquence où elle se roule par terre avec ses deux « enfants » (les petits acteurs qui jouaient ces rôles avaient l'âge qu'auraient eu les enfants de Marilyn et de Miller) ; où elle s'amuse avec le chien ; son jeu complice avec Dean Martin. Beaucoup l'affirment sur le plateau, elle n'a jamais été aussi belle. Mais derrière, il y a les évanouissements soudains, le refus de sortir de la loge, les prises recommencées des dizaines de fois, les bafouillages, les cafouillages, les crises d'hystérie, l'ombre noire de Paula Strasberg, celle de Pat Newcomb (les deux femmes, bien entendu, ne s'aiment pas et tirent chacune Marilyn de leur côté), et toutes ces journées où elle ne vient même pas. Cukor la déteste. On prétend qu'il l'insulte dans les termes les plus orduriers. La tension atteint son comble le 19 mai. Malgré l'interdiction formelle des dirigeants de la Fox, si outrés par les absences de Marilyn qu'ils commencent à évoquer sérieusement son remplacement, la blonde star s'envole pour New York afin de participer au gala d'anniversaire de Kennedy au Madison Square Garden. Elle n'a pas pu résister. Pour la petite fille abandonnée, ballottée de foyer en orphelinat, se retrouver sur scène devant toute l'Amérique et chanter pour le président des États-Unis, c'est la consécration suprême. Tant pis pour les conséquences. Dans une robe en voile de soie couleur chair brodée de strass, cousue sur elle, *the late*[*] Marilyn Monroe ondule comme une sirène à la gorge offerte, au corps livré à tous, sous les feux des projecteurs et les cris du public. Elle réalise son rêve, se montrer nue devant la terre entière. Le temps se suspend. Le Président retient son souffle. Quand elle a su que Marilyn serait là, son épouse, Jackie, a préféré ne pas assister à l'indécente exhibition. La déesse blonde est très saoule. Elle susurre de sa voix cristalline et essoufflée : « *Happy birthday Mr President.* » Moment d'anthologie capté par les caméras de télévision ; orgueil de l'enfant Norma Jeane qui aurait voulu un père à ses côtés ce soir-là pour partager son triomphe. C'est pourquoi elle a demandé à Isidore Miller de l'accompagner. Pour que quelqu'un soit fier d'elle. Peut-être aussi pour ennuyer Arthur dont la nouvelle femme attend un enfant, nouvelle qui l'a plongée dans le désarroi. Ce soir-là, en tout cas, celle qui voulait qu'on la regarde est allée jusqu'au bout de son fantasme.

Elle va payer très cher le prix de ce numéro de charme joué publiquement au Président et de cet affront fait à la Fox. Le FBI avertit John Kennedy que son imprudence a atteint ses limites. Il doit rompre immédiatement cette liaison obscène à peine cachée et très dangereuse. Marilyn ne le sait

---

* « La très en retard MM » (également « feu Marilyn Monroe », ainsi que l'introduisit finalement sur scène Peter Lawford, maître de cérémonie, qui dut annoncer sa fausse entrée à plusieurs reprises devant une assistance hilare).

pas encore, mais c'est la dernière fois qu'elle a vu le « Prez ». De leur côté, les studios sont à deux doigts de la mettre à la porte quand Pat Newcomb, sachant ménager son effet, annonce que la star est prête à tourner la fameuse scène de la piscine. Elle est en telle forme, ajoute la jeune femme, qu'il y a de fortes chances qu'elle enlève son maillot. Aussitôt, c'est le branle-bas de combat. Tout le monde veut être sur le plateau. Finalement, deux photographes seulement obtiennent l'autorisation de rester. Leurs clichés de Marilyn nue font, deux jours plus tard, la couverture de soixante-douze magazines dans trente-deux pays, et leur fortune. Néanmoins, le 28 mai, la star est à nouveau hors d'état de tourner. Que s'est-il passé le week-end du 26-27 mai ? Les spéculations vont bon train. En général, elles s'accordent plus ou moins pour dire qu'à ce moment précis la ligne directe de la Maison-Blanche est coupée pour elle. Sans explication. Insupportable éviction, abandon douloureux et à ses yeux injuste, qui fait effroyablement écho aux blessures du passé. Marilyn ne supporte pas d'être rejetée, tel un objet qui a assez servi. Elle hurle sa révolte, sa douleur, menace de parler, de tout révéler. Ennuyé, John délègue son frère Robert, ministre de la Justice, pour tenter de calmer la blonde blessée.

Mais ça ne suffit pas. À défaut de mots, Bobby tâche de se rattraper avec des gestes et pense qu'entre ses bras, Monroe oubliera vite son frère. Marilyn est humiliée. Elle passe de l'hystérie à l'abattement. Elle menace de crier au monde entier la vérité, elle qui n'a jamais dit de mal de personne. Autour de l'actrice, c'est l'affolement. Peter Lawford, en vain, essaie de la raisonner. Pat Newcomb s'installe dans sa maison. Pour des raisons jamais éclaircies, au moment où Marilyn aurait le plus besoin de lui et alors qu'il aurait dû être présent sur le tournage de *Quelque chose doit craquer*, le docteur Greenson s'est mystérieusement absenté pendant quatre semaines en Europe.

Dans sa guerre contre le monstre, Marilyn emporte tout de même quelques menues victoires et parvient à tourner quatre jours d'affilée. Le vendredi 1er juin, elle fête modestement son trente-sixième anniversaire dans sa loge. Cukor et la plupart des techniciens ont boycotté l'événement. Seul Dean Martin a apporté du champagne. L'ambiance est triste et lourde. Marilyn est fatiguée, elle a joué pendant des heures. Quand elle rentre chez elle le soir, elle vient de vivre sa dernière journée d'actrice. À nouveau malade, elle s'effondre. Huit jours plus tard, à bout, la Fox la congédie en l'accusant d'irresponsabilité et de désordre psychologique. Elle va même jusqu'à intenter une action en justice à son encontre. Greenson est revenu trop tard d'Europe. Malgré ses intercessions, les dirigeants sont formels : Monroe est *out*, elle n'a aucun respect pour les autres. Elle sera remplacée par Kim Novak ou Lee Remick. Deux renvois en aussi peu de temps, c'est beaucoup pour une même femme.

Anéantie, Marilyn va pourtant trouver la force miraculeuse de se relever une dernière fois. Elle sait que c'est une question de survie. Sa carrière est brisée. Dans sa paranoïa, elle se demande si Bobby Kennedy n'y est pas pour quelque chose, s'il n'est pas intervenu auprès des grands patrons de la Fox pour la tenir à sa merci. Marilyn ne veut pas le laisser vaincre. Elle parvient à se dénicher plusieurs alliés, dont Dean Martin et Zanuck qui voudrait reconquérir son pouvoir. Convoquant les plus grands journalistes et photographes du monde entier, elle se prête à de longues séances de poses et d'interviews. Elle est toujours dans la course et entend le prouver. Sa popularité auprès du public reste immense.

Fin juin, par un stupéfiant revirement de situation, Marilyn Monroe est réengagée pour terminer le film avec un nouveau réalisateur de son choix et un contrat d'un million de dollars. Du jamais vu. L'actrice exulte. Pourtant, elle sait qu'elle doit cette pirouette finale à un seul coup de fil : celui passé par Bobby Kennedy au grand patron de la Fox.

Sa carrière est entre les mains du ministre de la Justice. C'est le moyen qu'il a trouvé pour acheter son silence.

« Suicide probable »

Et maintenant, que se passe-t-il ? Que s'est-il passé au cours de ce fatal été 1962 ? Presque un demi-siècle de suppositions et de théories en tous genres, de contradictions éhontées, étayées par des affirmations sans ambages, des preuves prétendument définitives, pour tenter de décortiquer minute après minute les dernières semaines de la star et expliquer sa mort mystérieuse au début du mois d'août. Les partisans, nombreux, de la thèse de l'assassinat présentent en général une Marilyn Monroe regonflée à bloc après son nouveau triomphe contre la Fox. (« Elle ne peut pas s'être suicidée puisqu'elle allait bien. ») La reprise du tournage de *Quelque chose doit craquer* est prévue en septembre. En attendant, l'actrice cultive son jardin (au sens propre) et étudie de nouveaux projets, dont un film avec Sinatra. Plusieurs témoins affirment qu'elle semble décidée à faire table rase du passé. Lasse d'être étouffée par son entourage, consciente d'être espionnée (elle en arrive à passer ses coups de téléphone d'une cabine publique), elle aurait voulu congédier coup sur coup Paula

Strasberg, renvoyée à New York sans ménagement, Pat Newcomb, trop amie des Kennedy, et Eunice Murray qui la glace d'effroi et qu'elle n'a jamais vraiment supportée. Certains assurent même que lors de cette crise paranoïaque de grand ménage, elle aurait également envisagé de se séparer du bon docteur Greenson à la mainmise, se rend-elle peut-être enfin compte, un peu trop asphyxiante. On évoque aussi un remariage avec DiMaggio fixé au 8 août.

Étonnant sursaut, inattendu et tout de même peu probable, d'un être qu'on sait instable, fragile et maniaco-dépressif, capable de passer en quelques heures, et sans raison apparente, de phases d'excitation intense au plus profond désespoir. Pourquoi pas ? La rémission, ça existe, y compris en bout de course. On peut toujours croire qu'à ce stade de son existence, Marilyn n'a pas encore fait le tour de Monroe. Alors on l'imagine heureuse de son pied de nez à Hollywood, même si d'autres tirent les ficelles du pantin qu'elle est, ce que, du reste, elle n'ignore pas. Sa carrière n'est pas tout à fait finie, même si Elizabeth Taylor tourne des films de légende, et elle, des comédies légères. Elle est encore tellement belle, mais c'est un leurre puisque tout chez elle est irréversiblement abîmé. Et elle rempilerait avec Joe le Cogneur ? Du sado-masochisme à l'état pur. Ou bien un véritable constat d'échec, lucide et résigné. C'est vrai qu'il n'y a pas d'autres prétendants. Sinatra finalement a renoncé à l'épouser, comme Marilyn l'avait cru à un moment donné. On raconte qu'à la mi-juillet,

Robert Kennedy rompt à son tour avec elle sans explication. C'est, vraisemblablement, la goutte qui fait déborder le vase. Dans sa fureur d'avoir été prise « pour un morceau de viande » par les Kennedy, Marilyn évoque la possibilité de convoquer la presse à une conférence-révélation. Elle souffre, la petite fille qui voulait du respect, c'est certain. C'est une femme blessée, une amoureuse éconduite, qui demande un minimum de tact. Alors, mortifiée, elle prend son téléphone et bombarde le bureau de l'attorney général, puis son domicile personnel. Bobby s'énerve et prend peur. Grâce aux neuf enfants qu'il a faits à sa femme, il vient d'être élu père de l'année. Redoutant le scandale, il ordonne à Lawford et à Sinatra de calmer Monroe par tous les moyens.

Le week-end du 28 et 29 juillet, sous prétexte que Robert Kennedy sera là et qu'elle pourra avoir une explication avec lui, le beau-frère du Président emmène Marilyn au Cal-Neva Lodge, un club sur le lac Tahoe, propriété de Frank Sinatra, connu pour être un repaire de la pègre. Difficile de savoir ce qui a eu lieu au cours de ces deux jours. Les rumeurs les plus sordides circulent : on parle d'une Marilyn maintenue prisonnière dans un bungalow, droguée, violée par Lawford, Sinatra et des chefs de la Mafia, filmée dans des postures obscènes, violemment menacée par les uns et les autres. On décrit Joe DiMaggio posté sur la colline en face, impuissant, devinant l'horreur à quelques pas, guettant les apparitions de sa blonde détenue. Kennedy, évidemment, n'est pas venu.

À son retour chez elle, Marilyn est terrorisée. Une semaine après, elle est morte.

Pendant des années, Eunice Murray a raconté que dans la soirée du 4 août 1962, sa patronne, fatiguée, se retira tôt dans sa chambre, avec son téléphone. Bien entendu, de nombreuses personnes affirment avoir parlé avec Marilyn ces dernières heures (entre autres le célèbre « dis au revoir au Président » murmuré d'une voix pâteuse à Peter Lawford). Vers minuit, inquiète d'apercevoir de la lumière sous la porte, la gouvernante sort dans le jardin et, par la fenêtre, aperçoit le corps nu et sans vie de Marilyn sur son lit. Quelques jours plus tard, après autopsie et interrogatoires de témoins, l'enquête conclut à un « suicide probable », volontaire ou accidentel, par absorption de barbituriques. La star était très déséquilibrée. L'échec de ses mariages ainsi que de ses deux derniers films, la perte de ses bébés, une popularité écrasante ont eu raison d'elle. Le monstre blond l'a définitivement emporté en se choisissant une sortie sur mesure, à la mesure de sa légende. Norma Jeane est morte. Marilyn Monroe entre dans l'immortalité.

Seulement, tout n'est pas aussi limpide. Les déclarations d'Eunice Murray, ainsi que son comportement, ont toujours semblé suspects : comment aurait-elle pu apercevoir de la lumière sous la porte de la chambre de Marilyn alors qu'une moquette épaisse, récemment posée, la filtrait totalement ? Pourquoi avait-elle attendu quatre heures avant de prévenir la police ? Pourquoi la machine à laver tournait-elle en pleine nuit ? Comment Marilyn avait-elle pu avaler autant de somnifères sans un seul verre d'eau ? Les deux médecins présents (Greenson et le généraliste de Marilyn) semblaient mal à l'aise. La rigidité du cadavre tendait à prouver que la star était plutôt morte vers vingt-deux heures. Peu à peu, les langues se sont déliées. Des voisins ont raconté qu'au cours de cette nuit-là, ils avaient vu une ambulance, des tas de voitures et même un hélicoptère autour de la maison de l'actrice. Ils auraient entendu une femme hurler : « Assassins, vous êtes contents maintenant qu'elle est morte ? » Surtout, ils ont affirmé, mais tout bas, que Robert Kennedy était venu à deux reprises ce jour-là chez Marilyn, alors qu'officiellement, il n'était pas à Los Angeles.

Avec force détails, les biographes ont tout passé au peigne fin : rapport d'autopsie, fausses déclarations. Certains livres, preuves à l'appui, démontrent que Marilyn a été assassinée par la Mafia (la théorie du suppositoire mortel administré à l'actrice droguée). D'autres, aussi (peu) convaincants, par la CIA, ou par d'anciens agents de la CIA afin de faire tomber les Kennedy. Ou bien encore par le FBI... On a également soupçonné la gouvernante, Eunice Murray, d'avoir donné un lavement fatal à sa patronne. Greenson aussi. Bien entendu, Robert Kennedy en personne, flanqué de deux acolytes à la seringue hypodermique, demeure le meurtrier de prédilection de la plupart des ouvrages. En 1985, Eunice Murray a fini par avouer que le ministre de la Justice américain était bien présent au 12305 Fifth Helena Drive le 4 août 1962. Marilyn et lui ont même eu une violente dispute. Le même jour, elle en a eu une aussi avec Pat Newcomb. Elle a reçu par la poste une mystérieuse peluche, un tigre, qui l'a plongée dans le désespoir. Pendant la nuit précédente, une femme hystérique l'a traitée de putain au téléphone... Et aussi...

Coupez.

Fantasme son existence durant, Marilyn Monroe ne pouvait que demeurer fantasme par sa mort et dans sa mort. Faut-il à tout prix chercher à en savoir plus ? Qu'est-ce que la vérité ? Cette avalanche de précisions répugnantes sur l'autopsie de la défunte ? Faut-il analyser l'estomac de Marilyn Monroe pour approcher *sa* vérité et parler de tragédie ? Pourquoi vouloir sans cesse rouvrir ce cadavre, répertorié cas 81128, que les employés de la morgue durent coincer dans un placard à balai pour le protéger une dernière fois des photographes [*] ? Si sa vie a appartenu à tout le monde, sa mort, au moins, ne peut-elle être à elle seule ?

Une chose est certaine : le 5 août 1962, au petit matin, le monde entier apprenait avec stupeur la disparition de Marilyn Monroe. Disparition trouble et tragique en harmonie totale avec son mythe. Animée, inanimée.

[*] L'un d'eux parviendra tout de même à prendre des clichés du cadavre de Marilyn après autopsie.

Et tous, attelés à la tâche, finalement aisée, d'alimenter la fable, ne s'aperçurent pas que Marilyn Monroe, en réalité, était morte, assassinée, depuis longtemps. Mieux, qu'elle n'avait jamais existé.

Poupoupidou

Le 8 août 1962, Joe DiMaggio n'épousa pas une deuxième fois, comme il l'avait peut-être espéré, sa poupée blonde, mais il l'enterra avec tous ses oripeaux. Le corps froid de la plus célèbre actrice au monde, découpé au scalpel et examiné sous toutes les coutures, fut pendant des heures entièrement recomposé par son maquilleur qui avait bu une bouteille de vodka auparavant pour tenir le coup et sa promesse faite des années plus tôt « tant qu'elle était chaude ». Quand il vit ce qu'il restait de l'actrice, le coiffeur, lui, s'évanouit. On affubla donc la morte de la perruque qu'elle portait dans *Les désaxés* et qu'elle détestait tant. Une ultime fois, on lui refit les lèvres, les yeux, la mouche, les ongles, on lui passa une robe vert pâle. On la farda selon la tradition. Dans son cercueil, Marilyn Monroe semblait dormir. Elle était aussi vivante que durant sa courte existence. DiMaggio la veilla pendant toute la nuit en pleurant. Devant le Westwood Memorial Park, la foule de célébrités, de badauds anonymes et de photographes fut refoulée sans ménagement. Avec l'autorisation de la demi-sœur de la star (sa mère Gladys, prévenue, répondit d'un air hagard qu'elle n'avait jamais entendu parler de Marilyn Monroe), l'ex-Yankee avait repris le contrôle de la situation et interdit l'accès à ses funérailles au Tout-Hollywood. Dean Martin, Sinatra et bien d'autres restèrent devant les grilles. DiMaggio n'accepta que quelques personnes, choisies minutieusement. Parmi elles, Greenson, Murray, Newcomb et la famille Strasberg, devenue héritière par testament de Marilyn. Lee prononça l'éloge funèbre.

Pas plus Jim Dougherty qu'Arthur Miller, pourtant invités, ne souhaitèrent assister aux obsèques. Bob Slatzer en eut l'intention mais il resta derrière la clôture.

Une organiste joua *Over the Rainbow*. DiMaggio embrassa la belle endormie en pleurant, puis on rabattit sur les célèbres boucles blondes le couvercle de l'au-delà. Elle partit derrière une petite plaque de marbre toute simple, devant laquelle pendant vingt ans l'ex-joueur de base-ball fit déposer chaque jour des roses rouges. Une fois la cérémonie achevée, chacun s'enfuit de son côté, avec ses secrets et ses mensonges. Les portes du cimetière s'ouvrirent. Alors ils coururent, ils piétinèrent, ils arrachèrent, avec l'illusion, encore, de dérober tout ce qu'ils pouvaient, tout ce qu'ils savaient d'elle. Mais elle s'en était allée, la douce apparition, avec sa petite voix d'enfant et ses yeux implorants. En avance sur l'horaire cette fois, histoire de les faire bisquer. Elle les avait

plantés là et leur avait laissé des chansons, quelques films, des milliers de photographies et une
inscription :

MARILYN MONROE

1926-1962

ANNEXES

1926. *1er juin*. Naissance de Norma Jeane Mortensen, fille de Gladys Baker. Père déclaré : Martin Edward Mortensen, adresse inconnue. L'enfant est placée dans une famille d'accueil.

1927. Della Monroe, grand-mère de Norma Jeane, aurait tenté de l'étouffer sous un oreiller. Elle est internée.

1934. Gladys et Norma Jeane emménagent dans une petite maison à Hollywood. Un des locataires aurait abusé de Norma Jeane.

Décembre. Gladys est internée à son tour. Norma Jeane est hébergée chez une amie de sa mère.

1935. *Septembre*. Norma Jeane est inscrite sous le numéro 3463 à l'orphelinat de Los Angeles, en alternance avec des foyers d'accueil.

1937-1941. Norma Jeane vit chez Ana Lower, à l'ouest de Los Angeles. Les années les plus heureuses de son enfance. Elle se transforme peu à peu et découvre son pouvoir de séduction.

1942. *19 juin*. Pour éviter un retour à l'orphelinat, Norma Jeane est mariée à un jeune voisin, Jim Dougherty.

1943. *Août*. Dougherty s'engage dans la marine.

1944. *Octobre*. Dans l'usine de la Radioplane où elle emballe des parachutes, Norma Jeane est repérée par un photographe professionnel qui l'encourage à devenir modèle. Elle hésite.

1945. *2 août*. Norma Jeane se présente à l'agence de modèles Blue Book.

1946. Norma Jeane devient blonde, divorce de Jim Dougherty et est engagée comme actrice par la 20th Fox sous le nom de Marilyn Monroe.

1946-1948. Starlette pour la Fox puis pour la Columbia. Elle rencontre Natasha Lytess, professeur d'art dramatique, et tombe amoureuse de son professeur de chant, Fred Karger, qui la rejette.

1949. Aux abois, Marilyn pose nue pour un calendrier.
Décembre. Elle fait la connaissance de Johnny Hyde, agent puissant, et devient sa maîtresse.

1950. Ultimes transformations. Johnny Hyde lui fait refaire le nez et le menton, lui apprend à s'habiller. Fou d'elle, il veut l'épouser, elle refuse. Grâce à lui, elle tourne avec Huston et Mankiewicz. La Fox la rembauche pour sept ans.
18 décembre. Mort de Johnny Hyde.
24 décembre. Première tentative de suicide.

1950-1952. Marilyn Monroe est la starlette montante de la Fox qui la cantonne dans des rôles de « blonde stupide » et utilise son image de pin-up à des fins publicitaires. Elle reçoit trois mille lettres de fans par semaine.

1952. Au côté de Barbara Stanwick, Monroe tient pour la première fois le haut de l'affiche dans *Clash by Night* (*Le Démon s'éveille la nuit*).
4 octobre. Elle aurait épousé le journaliste Robert Slatzer. Divorce deux jours plus tard.

1953. La légende Marilyn est en marche. Après un premier rôle dans *Niagara*, *Gentlemen Prefer Blondes* (*Les hommes préfèrent les blondes*) consacre sa gloire.

1954. *14 janvier*. Elle épouse Joe DiMaggio, ex-superstar du baseball, rencontré deux ans auparavant. Voyage en Asie. Tournage de *The Seven Year Itch* (*Sept ans de réflexion*).
5 octobre. Divorce de Joe DiMaggio.

1955. Marilyn s'installe à New York, rompt avec la Fox, suit des cours à l'Actor's Studio et entame une liaison avec Arthur Miller. Elle veut désormais choisir ses rôles et changer son image.

1956. Tournage de *Bus Stop* au printemps
29 juin. Mariage civil avec Arthur Miller. Elle tourne dans *The Prince and the Show Girl* (*Le prince et la danseuse*) à Londres avec Laurence Olivier.

1957. Marilyn vit avec Arthur Miller entre le village d'Amagansett et New York.

Février. Elle est hospitalisée pour dépression nerveuse.

1er août. Elle fait une fausse couche.

1958. *Août*. Début du tournage en Californie de *Some Like It Hot* (*Certains l'aiment chaud*). Marilyn est à nouveau enceinte.

Décembre. Elle perd son bébé. Tentative de suicide.

1959. Vit avec Miller, entre la ferme achetée à Roxbury et New York.

1960. *Janvier*. Rencontre Yves Montand, son partenaire dans *Let's Make Love* (*Le milliardaire*).

Avril. Départ d'Yves Montand après une liaison quasi publique. Marilyn enchaîne avec le tournage éprouvant de *The Misfits* (*Les désaxés*). À la suite d'une tentative de suicide, elle est hospitalisée. À la fin de l'année, la rupture avec Arthur Miller est officielle.

1961. *20 janvier*. Divorce d'Arthur Miller. Marilyn est internée par sa psychiatre. « Délivrée » par Joe DiMaggio, elle suit une cure de désintoxication et de repos.

Avril. Retour définitif à Los Angeles.

1962. *Janvier*. Marilyn achète une maison à Brentwood.

Avril. Début du tournage de *Something's Got to Give* (*Quelque chose doit craquer*).

19 mai. Marilyn chante *Happy Birthday* au président Kennedy.

5 août. Elle est retrouvée morte chez elle.

RÉFÉRENCES BIBLIOGRAPHIQUES

Devant le nombre d'ouvrages consacrés à la vie et surtout à la mort de Marilyn Monroe, souvent contradictoires quant aux dates et faits, subjectifs forcément, et parfois avares de leurs sources, il faut opérer des choix.

Le travail très renseigné de Don Wolfe, *Marilyn Monroe, Enquête sur un assassinat*, paru chez Albin Michel en 1998, est sans doute à ce jour, depuis *Les vies secrètes de Marilyn Monroe* d'Anthony Summers, paru aux Presses de la Renaissance en 1986, le livre le plus complet paru sur le sujet (malgré certaines affirmations audacieuses), qu'on donne foi ou pas à sa thèse de l'assassinat de Marilyn par Robert Kennedy.

En 2003, le journaliste Matthew Smith a prétendu avoir eu accès aux bandes enregistrées par l'actrice à l'attention de son psychiatre au cours des derniers mois de sa vie. Il en a publié la transcription dans un livre, *Victime, Les dernières révélations de Marilyn Monroe*, paru en France chez Plon en 2003. Mais ces bandes sont-elles authentiques ?

À ces trois ouvrages de base, il convient d'ajouter :

Martin Gottfried, *Arthur Miller*, trad. Pierre Guglielmina, Flammarion, 2005.

Bertrand Meyer-Stabley, *La véritable Marilyn Monroe*, Pygmalion, 2003.

Éric Frattini, *La Cosa Nostra, un siècle d'histoire*, trad. Nelly Lhermillier, Flammarion, 2003.

Joyce Carol Oates, *Blonde*, trad. Claude Seban, Stock, 2000 ; Librairie générale française, 2003.

REINER SILVAIN, *Marilyn Monroe. Les signes du destin,* Le Castor Astral, 1997.

NORMAN MAILER, *Marilyn : une biographie,* trad. Magali Berger, Ramsay, 1996.

ARTHUR MILLER, *Après la chute,* trad. Henri Robillot, Robert Laffont, 1965 et 1995.

JAY HARRISON, *Marilyn,* traduction et adaptation par Olivier Meyer, Solar, 1993.

SUSAN DOLL, *Marilyn : vie et légende,* trad. Julie Damour, Ramsay, 1991.

LEONARD MOSLEY, *Zanuck. Grandeur et décadence du dernier nabab d'Hollywood,* trad. Laurent Ikor et Philippe Rizzi, Ramsay, 1987.

ARTHUR MILLER, *Au fil du temps,* trad. Dominique Rueff et Marie-Caroline Aubert, Le Livre de Poche, 1997.

LAURENCE OLIVIER, *Confessions d'un acteur,* trad. Christine Durieux et Nicole Meotti, Buchet-Chastel, 1984 ; Ramsay, 1988.

JAMES SPADA, GEORGE ZENO, *Marilyn Monroe,* Sylvie Messinger, 1982.

MICHEL CIMENT, *Kazan par Kazan,* Stock, 1973, Ramsay, 1985.

Sans oublier les nombreux sites sur Internet, les documentaires, les romans et les beaux livres, en particulier ceux d'Eve Arnold, *Marilyn*, trad. Lydie Echasseriaud, La Martinière, 2005, et d'André de Dienes, *Marilyn mon amour*, Filipacchi, 1986.

1948. *Scudda Hoo ! Scudda Hay !* (*Bagarre pour une blonde*) de F. Hugh Herbert.
Dangerous Years d'Arthur Pierson.
Ladies of the Chorus (*Les reines du music-hall*) de Phil Karlson.
1949. *Love Happy* (*La pêche au trésor*) de David Miller.
1950. *A Ticket to Tomahawk* (*Le petit train du Far-West*) de Richard Sale.
The Asphalt Jungle (*Quand la ville dort*) de John Huston.
All about Eve (*Ève*) de Joseph Mankiewicz.
The Fireball (*Les rois de la piste*) de Tay Garnett.
1951. *Right Cross* (*Tourment*) de John Sturges.
Home Town Story d'Arthur Pierson.
As Young as You Feel (*Rendez-moi ma femme*) de Harmon Jones.
Let's Make It Legal (*Chéri, divorçons*) de Richard Sale.
Love Nest (*Nid d'amour*) de Joseph Newman.
1952. *Clash by Night* (*Le Démon s'éveille la nuit*) de Fritz Lang.
Don't Bother to Knock (*Troublez-moi ce soir*) de Roy Ward Baker.
Monkey Business (*Chérie, je me sens rajeunir*) de Howard Hawks.
O. Henry's Full House (*La sarabande des pantins*) de Henry Koster.
We're Not Married (*Cinq mariages à l'essai*) d'Edmund Goulding.
1953. *Niagara* de Henry Hathaway.

Gentlemen Prefer Blondes (*Les hommes préfèrent les blondes*) de Howard Hawks.

How to Marry a Millionaire (*Comment épouser un millionnaire*) de Jean Negulesco.

1954. *River of No Return* (*La rivière sans retour*) d'Otto Preminger.

There's No Business Like Show Business (*La joyeuse parade*) de Walter Lang.

1955. *The Seven Year Itch* (*Sept ans de réflexion*) de Billy Wilder.

1956. *Bus Stop* de Joshua Logan.

1957. *The Prince and the Show Girl* (*Le prince et la danseuse*) de Laurence Olivier.

1958. *Some Like It Hot* (*Certains l'aiment chaud*) de Billy Wilder.

1960. *Let's Make Love* (*Le milliardaire*) de George Cukor.

1961. *The Misfits* (*Les désaxés*) de John Huston.

1962. Tournage de *Something's Got to Give* (*Quelque chose doit craquer*) de George Cukor, film inachevé.

Dans un souci de fluidité, afin de ne pas gêner la lecture, la référence à un texte est seulement mentionnée quand il est le seul à évoquer un fait, une anecdote ou une citation. Les contradictions entre les biographes, beaucoup trop nombreuses, ne sont pas citées.

BRUNE

1. Cette première scène s'inspire d'une séquence évoquée par Matthew Smith dans *Victime. Les dernières révélations de Marilyn Monroe*, Plon, 2005.

2. Don Wolfe, *Marilyn Monroe. Enquête sur un assassinat*, Albin Michel, 1998.

SOUILLURE

1. Don Wolfe, *Marilyn Monroe. Enquête sur un assassinat, op. cit.*

ANAMORPHOSE

1. Don Wolfe, *Marilyn Monroe. Enquête sur un assassinat, op. cit.*

LA « *MMMMMMMM GIRL* »

1. Mémoires de James Dougherty, *Norma Jeane. La vraie Marilyn Monroe*, Press Select Ltée, citées par Don Wolfe, *op. cit.*

DERNIÈRE ESCALE AVANT EMBARQUEMENT

1. Don Wolfe, *Marilyn Monroe. Enquête sur un assassinat*, op. cit.

MODÈLE

1. Ce chapitre est inspiré par les souvenirs d'André de Dienes dans *Marilyn mon amour*, Filipacchi, 1986.

MISS MONROE & DOCTOR HYDE

1. Martin Gottfried, *Arthur Miller*, Flammarion, 2005.

ILS ÉTAIENT TOUS SON PÈRE (*INTERMÈDE*)

1. Arthur Miller, *Au fil du temps*, Le Livre de poche, 1997.
2. *Ibid.*

SEPT ANS DE DÉCEPTION (*SUITE 1*)

1. James Spada et George Zeno, *Marilyn Monroe*, Sylvie Messinger, 1982.
2. *Ibid.*

SEPT ANS DE DÉCEPTION (*SUITE 2*)

1. Don Wolfe, *Marilyn Monroe. Enquête sur un assassinat*, op. cit.

RENAÎTRE, DIT-ELLE

1. Norman Mailer, *Marilyn*, Ramsay, 1986.

AVANT LA CHUTE

1. Don Wolfe, *Marilyn Monroe. Enquête sur un assassinat*, op. cit.

AUJOURD'HUI POUR TOUJOURS

1. Martin Gottfried, *Arthur Miller, op. cit.*
2. Don Wolfe, *Marilyn Monroe. Enquête sur un assassinat, op. cit.*
3. Martin Gottfried, *Arthur Miller, op. cit.*

MRS MILLER

1. Laurence Olivier, *Confessions d'un acteur*, Buchet-Chastel, 1984 ; Ramsay, 1988.
2. Martin Gottfried, *Arthur Miller, op. cit.*
3. *Ibid.*

I'M THROUGH WITH LOVE, I'LL NEVER FALL AGAIN

1. Martin Gottfried, *Arthur Miller, op. cit.*
2. James Spada, George Zeno, *Marilyn Monroe, op. cit.*

MON CŒUR EST À PAPA

1. Martin Gottfried, *Arthur Miller, op. cit.*

DÉSAXÉE

1. Cité par Martin Gottfried, *Arthur Miller, op. cit.*
2. *Times Magazine.*

ANNEXES

FOLIO BIOGRAPHIES

Marco Polo, par OLIVIER GERMAIN-THOMAS

Louis Renault, par JEAN-NOËL MOURET

Rimbaud, par JEAN-BAPTISTE BARONIAN. Prix littéraire 2011 du parlement de la Fédération Wallonie-Bruxelles.

Robespierre, par JOËL SCHMIDT

Rousseau, par RAYMOND TROUSSON

Saint-Exupéry, par VIRGIL TANASE. Prix de la biographie de la ville de Hossegor 2013.

George Sand, par MARTINE REID. Prix Ernest Montusès 2013.

Madame de Sévigné, par STÉPHANE MALTÈRE

Shakespeare, par CLAUDE MOURTHÉ

Stendhal, par SANDRINE FILLIPETTI

Jacques Tati, par JEAN-PHILIPPE GUERAND

Tchekhov, par VIRGIL TANASE

Henry David Thoreau, par MARIE BERTHOUMIEU et LAURA EL MAKKI

Toussaint Louverture, par ALAIN FOIX

Jules Vallès, par CORINNE SAMINADAYAR-PERRIN

Van Gogh, par DAVID HAZIOT. Prix d'Académie 2008 décerné par l'Académie Française (fondation Le Métais-Larivière).

Verdi, par ALBERT BENSOUSSAN

Verlaine, par JEAN-BAPTISTE BARONIAN

Boris Vian, par CLAIRE JULLIARD

Léonard de Vinci, par SOPHIE CHAUVEAU

Wagner, par JACQUES DE DECKER

Andy Warhol, par MERIAM KORICHI

George Washington, par LILIANE KERJAN

Oscar Wilde, par DANIEL SALVATORE SCHIFFER

Tennessee Williams, par LILIANE KERJAN. Prix du Grand Ouest 2011.

Virginia Woolf, par ALEXANDRA LEMASSON

Stefan Zweig, par CATHERINE SAUVAT

COLLECTION FOLIO

Composition Nord Compo
Impression Maury-Imprimeur
45330 Malesherbes
le 15 juin 2015.
Dépôt légal : juin 2015.
Numéro d'imprimeur : 198894.
1ᵉʳ dépôt légal dans la collection : janvier 2007.
ISBN 326-0-05087044-3. / Imprimé en France.

289929